不動産投資のしくみがわかる本

ビジネス図解

松村 保誠

同文舘出版

はじめに

このたびは『ビジネス図解　不動産投資のしくみがわかる本』を手に取っていただき、誠にありがとうございます。

まず、最初にお断りしておきたいのが、この本は誰にでも闇雲に不動産投資をすすめる目的で書かれたものではないということです。

不動産を専門領域とするファイナンシャルプランナーとしての立場から、また、現役の宅地建物取引業者としての立場から、不動産投資の実際について、なるべく正しく伝えることを目的としています。

したがって、「こんな方法で不動産投資をやったら、簡単にボロ儲けできちゃった！」という夢物語みたいなことは一切、書かれていません。そういった内容を求めている方は、このまま本を閉じて、そっと書棚にお戻しください。

逆に、無責任においしい話ばかりを聞かされるより、よい面も悪い面も含めて不動産投資について知りたいとお考えの方には、自信を持っておすすめできる内容になっています。私自身の経験を踏まえながら、できるだけ客観的に、不動産投資に関する基本と実務について解説しています。

本書はこんな人に学んでいただける1冊となっています。

- **これから不動産投資を開始するにあたって、揺るぎない、確かな基礎知識を身につけたい人**
- **自分が不動産投資に取り組むかどうかを判断するために、売込みのためのバイアスがかかっていない不動産投資の真実を知りたい人**

・宅建業者に勤務されている人、あるいは、これから宅建業者に勤務しようとされている人で、不動産投資についてお客様に的確なアドバイスを行なうための土台となる知識を一通り学びたい人

本書には、不動産投資で成功するために知っておくべき基礎的な知識と、最低限押さえておきたい実務の基本について漏れなく詰め込んだつもりです。不動産投資のよい面だけでなく、悪い面もしっかりと書かせてもらいました。

大切なのは「ちゃんと知る」ことです。

ちゃんと知っていればこそ、自分に合った正しい判断ができるようになるし、一個人の思い込みや捻じ曲げられた情報にも振り回されずに済むようになります。

本書との出会いが、あなたを不動産投資に潜む危険から遠ざけ、大いなる成功へと強力に後押しする力となれることを心から祈っています。

松村　保誠

【ビジネス図解】不動産投資のしくみがわかる本●もくじ

不動産投資で成功するための基本

2章 よい物件を見つける「不動産取引」のしくみ

収益に見合った「物件選択」のしくみ

家主として知っておきたい「不動産運営」のしくみ

6章 不動産投資で必要な「各種費用」のしくみ

7章 不動産保有時・売却時にかかる「税金」のしくみ

イラスト　大野　文彰
装幀・本文ＤＴＰ　春日井　恵実

※本書は、不動産投資の参考情報を提供するものです。
投資の判断はご自身の責任で行なってください。

不動産投資で成功するための基本

❶ 不動産投資とはどういうものか？
❷ 不動産投資が儲かるしくみ
❸ インカムゲインとキャピタルゲイン
❹ 出口戦略の重要性
❺「買いどき」と「売りどき」の見極め方
❻ どうなる？　これからの不動産投資市場
❼ 不動産投資のリスクとは？
❽ リスクを避けるための最善の方法とは？
❾ REIT（不動産投資信託）とは？
❿ 不動産投資と他の投資との違い

1 不動産投資とはどういうものか？

一般的に不動産投資というと、不動産を購入して、それを他人に賃貸して継続的に賃料収入を得ることをイメージする人が多いと思いますが、それに限った話ではありません。転売時の売却益を得ることを狙った方法もあります。

たとえば、数年後に近くに鉄道の駅ができることが決まったというような場合に、将来的な土地価格の高騰を見込んで周辺の土地を購入するというのも、不動産投資の方法のひとつです。

◆不動産投資の対象とは

不動産投資の投資対象としては、以下のようなものがあります。

・一棟マンション　・一棟アパート　・一棟ビル
・店舗　・区分所有マンション　・区分所有事務所　・戸建住宅　・連棟住宅　・土地　・駐車場

近年よく見かけるようになったトランクルームや大規模な太陽光発電施設なども、広い意味で不動産投資対象の一形態に含まれるでしょう。

◆不動産投資は簡単なものではない

不動産投資関連の書籍の中には、不動産投資を誰でも手軽に取り組めて、しかも簡単に稼ぐことができる手段のように表現しているものが多数見受けられます。

しかし、実際にはもちろん、そんなに簡単なものではありません。

不動産投資は、他の投資と違って安く買って高く売ることがすべてではなく、保有期間中の運営ノウハウなども必要となるからです。その分、難易度は高くなると考えるべきです。

そのため不動産投資で大きく成功するためには、他の一般的な投資に取り組む場合以上に、一生懸命、勉強する必要があります。

不動産投資を始めるのであれば、その点については十分、覚悟するようにしてください。

不動産投資で成功するために必要な知識については、本書の中でご紹介しますので、安心して読み進めてください。

不動産投資に必要な主な知識

実務分野	● 価格判断に関する知識 ● 表面利回り判断に関する知識 ● 売買契約や賃貸借契約に関する取引慣行 など
法律分野	● 民法 ● 借地借家法 ● 都市計画法 ● 建築基準法 など
税務分野	● 所得税法 ● 法人税法 など

それぞれ不動産投資をするために学ぶべき範囲は限られる

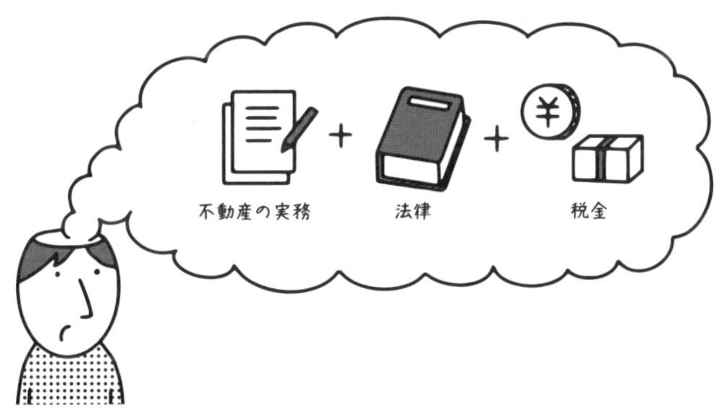

POINT

不動産投資で成功するためには、事前に関連知識をしっかり勉強することが絶対的に必要です！
これに抵抗を感じる人は、うまくいかない確率が非常に高いと思います。

2 不動産投資が儲かるしくみ

◆不動産投資が大きく儲けられるのはなぜか

不動産投資は他の投資手段に比べて、大きく稼ぐことができる投資であるとよく言われます。その理由は、不動産投資では他人から借り入れた資金を利用して、儲けにレバレッジをかけることができるからです。

たとえば、価格5000万円、実質利回り8％の収益物件を、自己資金1000万円、銀行からの借入金4000万円（支払金利3％）で購入する場合について考えてみましょう。

得られる年間収益は次のように計算できます。

5000万円×8％－4000万円×3％＝280万円

このとき注目したいのが、自己資金を基準に考えた場合の利回りです。その利回りは実に、「**280万円÷1000万円×100＝28％**」にもなるのです。

もし、これが自己資金だけの投資であれば、利回りは8％のままで、得られる年間収益も、たかだか1000万円×8％＝80万円です。

つまり、銀行からの借入金を利用してレバレッジをかけることによって、「280万円－80万円＝200万円」も多く儲かることになります。

◆なぜ不動産投資には融資してくれるのか

ここでこんな疑問を抱く人がいるかもしれません。「他人から借り入れた資金を利用して儲けにレバレッジをかける方法って、別に不動産投資に限らず、他の投資手段でも使えるんじゃないの？」

しかし結論から言うと、それは非常に難しいことです。銀行は基本的に投資をするための資金など融資してくれないからです。

では、なぜ不動産投資であれば資金を融資してくれるのでしょうか？　その理由はズバリ、投資対象となる**不動産が貸付資金回収の担保になる**からです。

不動産ほど確かな担保はありません。不動産、とくに土地が完全にその価値を失うなんてことは、それこそ、国が滅びない限りありえません。

不動産投資が大きく儲けられる しくみ

例 価格5000万円、実質利回り8％の収益物件を
- 自己資金1000万円
- 銀行からの借入金4000万円（支払金利3％）

で購入する場合

年間収益＝

自己資金1000万円×8％＝80万円

借入資金4000万円×(8％ー3％)＝ 200万円

他人から借り入れた資金によってレバレッジがかかるため、儲けが大きくなる

ただし、これはあくまで投資がうまくいった場合の話。投資が予想に反してうまくいかず、「実質利回り＜支払金利」となれば、マイナス方向にレバレッジがかかるため、収益は大きく圧迫される。当然、赤字になることもある。

レバレッジ(leverage ＝ てこの原理)

小さな力で大きなものを動かす、つまり借入金を利用することで利益率を高めること。

3 インカムゲインとキャピタルゲイン

不動産投資から得られる収益は、大きくインカムゲインとキャピタルゲインの2種類に分けられます。

インカムゲインとは、投資対象資産を保有している間に得られる収益のことです。他人に不動産を賃貸することによって得られる賃料がこれにあたります。

キャピタルゲインとは、保有していた資産を売却することによって得られる売却差益のことです。諸費用を無視して説明すると、4000万円で購入した不動産を、最終的に5000万円で売却することができれば、1000万円のキャピタルゲインを得られることになります。

◆キャピタルゲインを軽視しない

不動産投資では、とかくインカムゲインに焦点があてられます。不動産投資をする人の多くが、不労収入的に発生し続けるインカムゲインに大きな魅力を感じているためでしょう。

また、購入資金の多くを金融機関からの融資に頼ることになるため、毎月の返済を安全に行なうためにも、インカムゲインを重視せざるをえないという事情も大きく影響していると思います。

しかし、投資をすべきかどうかという判断に際しては、インカムゲインだけでなく、キャピタルゲインについてもしっかりと検討しなければなりません。多少インカムゲインが多くても、大きなキャピタルロスが発生するため、トータルで見れば大して儲からないということもありえますので、十分、注意してください。

◆不動産投資はギャンブルではない

何年も後の不動産の売却価格を予想するのは、その道のプロであっても簡単なことではありません。

しかし売却価格を適当に設定して収益シミュレーションを行なうようでは、それこそギャンブルをするようなものです。

将来における不動産の売却価格に影響を与える主な要因としては、社会全体の景気、地域における不動産の需要と供給のバランス、地域の都市としての魅力度の変化などを挙げることができます。

キャピタルゲインの重要性がよくわかる2つの事例

不動産購入価格5000万円、売却価格4000万円、実質利回り10%、保有期間5年

インカムゲイン＝5000万円×10%×5年＝2500万円

キャピタルゲイン＝4000万円－5000万円＝－1000万円
（厳密にはキャピタルロス）

インカムゲイン＋キャピタルゲイン＝1500万円

不動産購入価格5000万円、売却価格6000万円、実質利回り5%、保有期間5年

インカムゲイン＝5000万円×5%×5年＝1250万円

キャピタルゲイン＝6000万円－5000万円＝1000万円

インカムゲイン＋キャピタルゲイン＝2250万円

※話をシンプルにするために、諸費用や税金、減価償却などについては考慮していない

POINT

両者を比較した場合、事例Aの実質利回りは事例Bの実質利回りの2倍にもなっているにもかかわらず、最終的には事例Bのほうが、750万円も多くの収益を生み出していることになります。
投資判断を間違いなく行なうために、売却価格およびキャピタルゲインの予想は、できるだけ正確に行なうようにしてください。

出口戦略の重要性

◆軽視されがちな売却時期

不動産投資には、大きく**購入、運営、売却**という3つのフェーズがあります。このうち、もっとも語られることが少ないのが、売却というフェーズです。

なぜでしょうか？　ひとつには前項でも触れたように、将来における不動産の売却価格を予想する難しさがあるからでしょう。そして、もうひとつの理由は、話として地味で、あまり興味を持たれないこと。

それはそうですよね。これから不動産投資を始めようとワクワクしている人の意識は、どうしても「どんな不動産を購入すればいいのか」という点に向きがちで、「それをどのように売ればいいのか」という点についてまで考えることはないでしょうから。

しかしながら、これは投資家としてほめられた態度ではありません。不動産投資も投資である以上、「どのように売るのか」ということが決まらない限り、収益性、妥当性を正確に判断できないからです。

不動産投資の場合、どうしてもインカムゲインに目が行きがちですが、**利益（あるいは損失）の確定段階である売却までが投資行為であると**考え、事前にしっかりと出口戦略を検討するようにしてください。

◆出口戦略はどのように検討するのか

出口戦略について検討するに際しては、複数の売却時期を設定して、その売却時期ごとに収益のシミュレーションを行なう必要があります。

たとえば、5年後から15年後まで売却時期を設定し、売却時期ごとの収益の変化を確認していくわけです。

黒字運営を前提にすると、不動産の保有期間が長くなればなるほど、インカムゲインの累積額は大きくなりますが、必ずしも総収益額を最大化できるとは限りません。不動産の保有期間が長くなりすぎたことが原因で売却価格がガクンと下がり、キャピタルゲインが極端に減少するようなこともありうるからです。

自分が不動産の購入を検討する場合、「どの程度の築年数までであれば収益物件として魅力を感じるか」などといった観点から判断するとよいと思います。

総収益額のシミュレーション結果の例

キャピタルゲイン簡易シミュレーション

キャピタルゲイン計算	
売却価格	60000000
購入価格	50000000
資本的支出	3000000
購入費用	3210000
売却費用	1840000
キャピタルゲイン	**1950000**

購入費用計算	
①仲介手数料	1500000
②登記費用	200000
③印紙税	10000
④不動産取得税	300000
⑤融資関連諸費用	1000000
⑥保険料	0
⑦固定資産税・都市計画税の日割り精算金	200000
⑧管理費・修繕積立金の日割り精算金	0
購入費用合計	3210000

インカムゲイン(年あたり)簡易シミュレーション

インカムゲイン(年あたり)計算	
賃料等(賃料12ヶ月分+礼金)	5000000
保有期間中費用	4850000
インカムゲイン(年あたり)	150000

返済完了後のインカムゲイン(年あたり)	2550000

保有期間中インカムゲイン計算	
保有期間(年数)	20
返済完了後の保有期間(年数)	5
保有期間中インカムゲイン合計	**15000000**

保有期間中費用(年あたり)計算	
管理費	250000
管理費・修繕積立金	0
金融機関への返済	2400000
保険料	200000
広告料	400000
フリーレント費用	0
税理士報酬	200000
リフォーム費用(貸主負担分のみ)	100000
大規模修繕費	600000
固定資産税・都市計画税	300000
空室費用	400000
保有期間中費用(年あたり)合計	4850000

売却費用計算	
仲介手数料	1800000
登記費用	10000
印紙税	30000
売却費用合計	1840000

※本ソフトはあくまでキャピタルゲインやインカムゲインを大まかに把握するための簡易シミュレーションソフトであることをご理解下さい。
計算をシンプルにするため実際の取り扱いとは異なる部分がいくつかあります。

キャピタルゲインやインカムゲインについては、Excel等の表計算ソフトを使用すれば手軽にシミュレーションすることができる。

POINT

一例として、Excelを利用したシミュレーションソフトを作成しました。必要な方は、下記のURLよりダウンロードしてください。
https://rei-fp.com/simulation/

5 「買いどき」と「売りどき」の見極め方

◆景気が悪ければ買いどき、よければ売りどき

景気に連動して価格が安くなったり高くなったりするという点は、不動産も他の商品や財物と変わりがありません。したがって景気が悪くなれば、不動産の価格も安くなるので「買いどき」、逆に景気がよくなれば、不動産の価格も高くなるので「売りどき」ということになります。

なお、あまり**底値**（一番安い価格）で買うことや**天井値**（一番高い価格）で売ることにこだわりすぎないようにしてください。

底値や天井値を見極めるのは、日々、不動産の価格を注視し続けることが仕事でもある不動産屋さんであっても、ほぼ不可能だからです。

10年とか20年といったある程度の長さの期間で見て、今は相対的に不動産価格が安いと考えられるのであれば買いどき、逆に高いと考えられるのであれば売りどきと判断すればいいわけです。

とくに注意が必要なのは、価格が高いときの売りどきの判断です。

不動産の価格というのは、上がるときには比較的じんわり上がる感じなのですが、下がるときはストンと急激に下がる傾向にあります。つまり、「まだ価格が上がるのでは」と欲をかきすぎると、売りどきを逸してしまう可能性が高いのです。

◆借入金利が低いときは買いどき

金融機関からの融資を利用して不動産を購入する場合、借入金利が低いときも買いどきと判断することができます。借入金利が低ければ、その分、不動産から発生する収益額が大きくなるからです。

たとえば、借入額5０００万円、借入期間10年の場合に、借入金利が3％から2％に下がると、借入期間10年間中に発生する収益の総額は２７３万円も増加することになります。

なお、融資を受けるに際して変動金利を選択した場合、景気がよくなり市場金利が上昇すれば、借入金利も上昇することになるので注意が必要です。

不動産の「売りどき」と「買いどき」

不動産価格の変動のイメージ

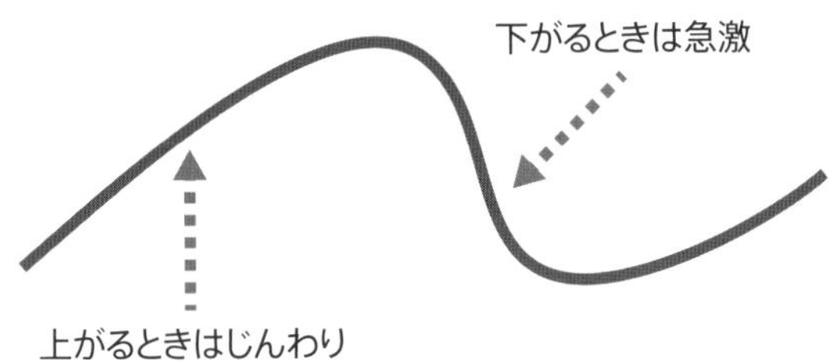

借入金利を目安にする

実質利回り−借入金利＝その年に発生する収益（インカムゲイン）

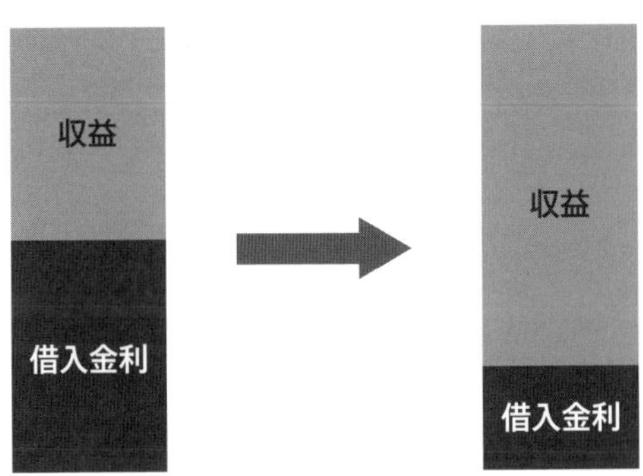

借入金利が下がれば、その分、発生する収益の額は増える

6 どうなる？ これからの不動産投資市場

◆人口減少が不動産投資市場に与える影響

今後の不動産投資市場を予測するときに重要になるキーワードは、「**人口減少**」と「**インバウンド消費**」です。以下、それぞれについて見ていきましょう。

人口が減少しているといっても、減少のしかたは全国一律ではありません。大都市圏では現状維持、あるいは緩やかに増加といった感じですが、地方では減少が著しく、秋田県をはじめとするワースト8県では、1年あたりの人口減少率が1％を超えています。

これほどの勢いで人口が減少していることを考えれば、地方の不動産に対する需要が減少していくことは明らかです。地方では、東京などから比べると土地価格が数十分の一程度ということもあり、現状、利回りが非常に高くなっています。

しかし、その利回りにつられて安易に手を出すと、大やけどをすることにもなりかねません。借り手がつきにくいだけならまだしも、売ろうとしても買い手がないような事態になることも十分、ありうるのです。

多少利回りが低くても、今後は大都市圏を中心に投資対象となる不動産を探すことを強くおすすめします。

◆インバウンド消費が不動産投資市場に与える影響

インバウンド消費とは、訪日外国人観光客が日本国内で様々な商品やサービスを利用してくれることをいいます。人口の減少傾向が続く日本では、このインバウンド消費を増加させることを経済発展のためのひとつの柱と捉え、観光立国推進基本法を制定するなど、国を挙げて取り組みを行なっています。

こういった流れの中で予想されるのが、インバウンド消費を狙った不動産投資の過熱です。実際、日本一の観光都市である京都では、10年以上前からインバウンド消費を狙った不動産投資が数多く行なわれています。こうした現象は今後、全国各地の観光資源が豊富な地域にも広がっていくものと予想されます。

先に今後は地方への不動産投資は避けるほうが無難と言いましたが、地方であっても観光資源が豊富な場所では状況が違ってくる可能性が大いにあります。

どの県の人口減少率が大きい？

都道府県別人口増加率ベスト10

順位	都道府県	増加率
1	東京都	0.71%
2	沖縄県	0.39%
3	埼玉県	0.27%
4	神奈川県	0.24%
5	愛知県	0.21%
6	滋賀県	0.11%
7	千葉県	0.08%
8	大阪府	−0.04%
9	福岡県	−0.07%
10	京都府	−0.31%

都道府県別人口減少率ベスト10

順位	都道府県	減少率
1	秋田県	−1.48%
2	青森県	−1.31%
3	高知県	−1.15%
4	山形県	−1.15%
5	岩手県	−1.12%
6	徳島県	−1.09%
7	長崎県	−1.05%
8	和歌山県	−1.05%
9	新潟県	−1.00%
10	福島県	−0.98%

（総務省統計局ホームページの「人口推計」より引用）

訪日外国人数の推移

	訪日外国人数	前年比
2011年	6,218,752人	−27.8%
2012年	8,358,105人	34.4%
2013年	10,363,904人	24.0%
2014年	13,413,467人	29.4%
2015年	19,737,409人	47.1%

	訪日外国人数	前年比
2016年	24,039,700人	21.8%
2017年	28,691,073人	19.3%
2018年	31,191,856人	8.7%
2019年	31,882,049人	2.2%
2020年※	3,944,400人	−71.3%

（日本政府観光局ホームページの「月別・年別統計データ」より引用）

※5月時点までの比較

POINT

近年、訪日外国人数は順調に伸びていましたが、新型コロナウイルス感染拡大の影響で2020年には激減しています。基本的には、新型コロナウイルス感染が収束すれば、訪日外国人数はまた増加傾向に転じるものと考えられますが、諸外国の経済的ダメージの深刻度によっては別のシナリオにもなりえます。

7 不動産投資のリスクとは？

◆儲かっている人は50％

不動産投資は、あくまで「投資」です。投資である以上、必ずリスクがあることを、最初の時点で十分に認識しておく必要があります。「絶対に儲かります！」と営業トークの中で言ってしまう営業マンがいますが、絶対に儲かるなんてことは100％ないので、この点だけはしっかりと肝に銘じておいてください（ちなみに「絶対に儲かる」といった類の発言は、「断定的判断の提供」といって、明確な宅建業法違反です）。

では、「不動産投資で明確に成功している」と言えるレベルの成果を得ている人がどれくらいいるのかというと、よくてせいぜい5割程度ではないかと思います。収支トントンレベルの人が3割程度、はっきり赤字という状態の人が2割程度いるものと考えます。

「赤字の人が2割もいるの？」と驚いた人もいるかもしれませんが、それでも他の投資に比べれば、リスク発生率は低いほうだと思います。他の投資では、投資をしている人の7～8割が実質、赤字ということもざらにあります。ただ不動産投資の場合、投資額が大きい分、リスク発生時の損失額も大きくなりがちなので、その点については十分認識しておいてください。

◆融資を利用していれば損失額はさらに大きくなる

不動産投資でのリスク発生時の損失額は、金融機関からの融資を利用していると、さらに大きくなります。融資を利用することによって得られるレバレッジ効果は、リスク発生時には逆向きに作用するからです。

不動産が十分な収益を生まない状態になっても、毎月の返済は続けなければなりません。そして毎月の返済が続けられなくなれば、金融機関は担保権を実行し、不動産は安値で売られてしまうことになります。

レバレッジ効果がもたらす利益を享受するために、1円でも多く融資を受けることが正解のように言われることが多いのですが、私はそうは思いません。

あくまで自分のリスク許容度に応じて、万が一の際にも対処しうる範囲で、金融機関の融資を利用することを強くおすすめします。

不動産投資で発生する主なリスク

- 空室リスク
- 家賃下落リスク
- 家賃滞納リスク
- 修繕費増大リスク
- 災害リスク
- 事故リスク
- 不動産価格下落リスク

負のレバレッジ効果

融資を利用している場合、リスクの影響はより大きなものとなる。

空室リスク

- 入居者募集を容易にするため、家賃を下げざるをえなくなる(**家賃下落リスク**)
- 空室を早く埋めるためにも入居審査の基準を甘くせざるをえなくなるため、家賃の滞納が発生しやすくなる(**家賃滞納リスク**)
- 家賃収入が減少するため、不動産の収益価格(賃料等から算定される不動産の価格)が下がる(**不動産価格下落リスク**)

事故リスク

- 物件内で自殺や殺人事件等が起こることによって、以降の借り手がつきにくくなる
- 家賃を下げざるをえなくなる、あるいは売却価格が低くなるといった経済的損失が発生する

POINT

リスクは、複数のものが重畳的に発生することもよくあります。リスクが重畳的に発生した場合の負のインパクトは非常に大きく、収支バランスが一気にマイナスに転落してしまうこともあるので注意が必要です。

8 リスクを避けるための最善の方法とは？

◆知識に基づいて合理的な判断をする

私がクライアントの方からよく受ける質問として、「どうすれば不動産投資のリスクを最小化できるのか？」というものがあります。投資家らしい非常に素晴らしい質問だと思います。リスクがあることをきっちり認めた上で、「それを最小化するためにできることは何か」を考えようとしているのですから。

こういった質問を受けた際には、私は次のようにお答えしています。

「投資判断を下支えするような知識をたくさん身につけることです。そして、その知識に基づいて合理的な投資判断を行なうことです」

◆失敗している投資家は何が悪いのか

失敗している不動産投資家のほとんどは、正しい知識を身につけるということを怠っています。そして多くの不動産投資本で語られている、「区分所有マンションより一棟マンションのほうが儲かる」とか、「レバレッジ効果を大きくするために、なるべく借入額を大きくするべき」といった、知識というより、先輩投資家の主張レベルの情報と、せいぜい表面利回りだけを頼りに投資判断を行なっているのです。

考えてもみてください。不動産の収益性を判断するための知識なくして、儲かる不動産とそうでない不動産を見分けることができますか？　法律に関する知識なくして、安全に不動産取引を行なうことができますか？　税務に関する知識なくして、最終的に手元に残る金額の予測ができますか？

もちろん、できませんよね。不動産投資で成功を収めたいのなら、**投資判断を下支えするような知識を身につけるという段階を絶対に避けて通ることはできないのです**。成功するのは必然的と思えるくらいの知識を身につけましょう。そうすれば高確率で不動産投資で成功することができるはずです。

正しい知識をどこで学べばいいのかわからないという人は、まずはこの本に書かれていることをしっかりと学ぶようにしてください。

リスクを避けるための最善の方法

不動産投資で成功するためにもっとも重要なこと

▼

正しい知識を身につけること

まずは正しい知識を身につけるための努力をすべき!

正しい知識を身につけるためにもっとも重要なこと

▼

情報を精査すること

その情報が数字等の裏づけのある、あるいは万人が認める客観的事実なのか、それとも個人の意見や主張にすぎないものなのかを判断した上でインプットすることが必要。

不動産投資に関する情報は税理士等の専門家が発信しているものを除けば、個人の意見や主張にすぎないものが圧倒的に多いことを認識しておくべき。

両者を明確に区別する

個人の意見や主張	客観的事実

POINT

個人が経験の中から紡ぎ出した意見や主張にも、もちろん価値はあります。

ただし、個人の意見や主張は100%の事実ではありえない以上、決して鵜呑みにしてはいけません。

REIT（不動産投資信託）とは？

不動産投資の方法としては、実物不動産に投資する方法以外に、不動産投資信託を購入するという方法もあります。不動産投資信託とは、投資家から集めた資金を不動産に投資し、そこで発生した収益を投資家に分配するしくみの金融商品です。

不動産投資信託は一般的にREIT（リート、Real Estate Investment Trust の略）と呼ばれることが多いので、以下、本書でもREITと呼ぶことにします。

REITと実物不動産投資と比べた場合の主なメリット・デメリットは、以下のとおりです。

［メリット］

・**少額投資が可能である**……REITの中には、一口5万円を切るような価格のものもあり、ごく少額の資金から不動産投資を始めることが可能です。

・**手間がかからない**……投資判断から不動産の運営まで、すべてその道のプロがやってくれるので、手間はまったくと言っていいほどかかりません。

・**リスクの分散ができる**……REITでは多くの不動産に投資することになるので、必然的にリスクの分散が図られることになります。

・**大型物件に投資ができる**……個人では投資することがまず不可能な、大型商業施設や工場などの大型産業施設にも投資することが可能になります。

［デメリット］

・**利回りが低い**……投資法人や資産運用会社が関与するため、実物不動産投資に比べて利回りが低くなります。

・**上場廃止や倒産リスクがある**……REITにも株式と同様に上場を維持するための基準があり、その基準を満たせなくなれば上場が廃止されてしまいます。また、投資法人自体が倒産してしまうということもありえます。

なお、REITが不動産投資のひとつの方法であることは間違いありませんが、REITへの投資経験が実物不動産投資を行なう上でプラスになることはほとんどありません。

REIT(不動産投資信託)とは？

REITと実物不動産と比べた場合の主なメリットとデメリット

メリット	●少額投資が可能である ●リスクの分散ができる ●手間がかからない ●大型物件にも投資ができる
デメリット	●利回りが低い ●上場廃止や倒産リスクがある

REITへの投資が向いている人

- 投資にあまり時間をかけたくない人
- 不動産のことをあまり深く勉強したくない人
- 大きなリスクを取りたくない人
- 資産規模はそれほど大きくないが、資産クラス(アセットクラス)の分散をしたい人

資産クラス

株式、債券、不動産、貴金属などといった投資対象となる資産の分類のこと。

10 不動産投資と他の投資との違い

不動産投資と他の投資では、どのような違いがあるのでしょうか。

ここでは投資の代表格である株式投資と比較して、主な違いを確認してみたいと思います。

①**価格変動が緩やか**……不動産の場合、株式のように一夜にして価格水準がまったく変わってしまうようなことはまずなく、価格変動は比較的緩やかです。さらに不動産価格は土地の価値の下支えがあるため、経営破綻した場合の株式のように、価格がゼロに近い水準まで暴落するようなことは、ほぼないといえます。

②**利回りが高い**……一般論としては、不動産投資のほうが利回りは高くなっています。ただし、実質利回りで比較する限り、両者の違いはせいぜい2～3％程度のものです。

③**レバレッジ効果を得やすい**……不動産投資の場合、低金利の融資を利用することができるため、レバレッジ効果を得やすくなっています。ただしレバレッジ効果は、マイナス方向にも大きく作用することを忘れないようにしてください。

④**事業としての側面が強い**……不動産投資の場合、保有期間中の収益は運営に関する意思決定しだいで、大きく変わってくる可能性があります。そういう意味では、単なる投資というより、事業としての側面が強いといえます。

⑤**流動性が低い**……流動性が低いというのは、現金に換えにくいということです。要するに、売却するのに時間がかかります。

株式の場合、国内株式であれば3営業日から4営業日で売却することができますが、不動産の場合、相場に近い価格で売却しようと思えば、2ヵ月程度は売却期間が必要となります。

⑥**投資額が大きくなりやすい**……不動産投資の場合、不動産自体がもともと高価なものであることから、投資額はどうしても大きくなります。投資額が大きくなればリターンが大きくなる分、リスクも大きくなることをしっかりと認識しておく必要があります。

不動産投資と株式投資の違いとは？

①価格変動が緩やかである
②利回りが高い
③レバレッジ効果を得やすい
④事業としての側面が強い
⑤流動性が低い
⑥投資額が大きくなりやすい

POINT

とくに気をつけてほしいのが、「⑥投資額が大きくなりやすい」という点。株式投資であれば、300万円の投資でも躊躇するくらいのリスク許容度の人が、不動産投資になると、1億円でも平気で投資してしまうようなケースをよく見かけます。
そういう投資が必ずしもダメだとは言いませんが、もう少し正しいリスク認識を持ってもらいたいものです。

COLUMN 1

なんだか大変そうだなと感じているあなたへ

「不動産投資で成功するためには事前にしっかりと勉強することが必要」
「不動産投資では様々なリスクの存在を認識しておかなければならない」

初っ端から不動産投資のシビアな側面の話が多くなり、やる気をそがれてしまった人も多くいらっしゃるかもしれませんが、私はそれでよいと思っています。不動産投資は勉強しなければならないことが多く、しかも様々なリスクがあることを知った上で、なお取り組んでみたいと思えるくらいの情熱がないと、満足のいく結果を得ることは困難だからです。

私は過去に何人か、不動産投資で大きな失敗をした方にお会いしてきました。失敗の原因は人それぞれではありましたが、共通して言えることがひとつあります。

それは、不動産投資で失敗している人は勉強不足であるということです。

そして、なぜ十分な知識もないまま、不動産投資に踏み切ってしまったのかを尋ねると、決まってこんな答えが返ってきます。

「営業マンにすすめられたから」

これでは不動産に限らず、どんなものを対象に投資をしようとも、うまくいくはずがないですよね。

当たり前のことですが、どんな形態の不動産を扱っているにしろ、営業マンの仕事はあなたに不動産を購入するようにすすめることです。あなたを儲けさせることではありません。あなたが要望を伝えれば、それに見合った物件の提案をしてくれるかもしれませんが、緻密な収益シミュレーションをした上で、儲かると思える物件だけを厳選してすすめてくれるわけではないのです。

提案された物件が投資してもよいものであるか否かの判断は、あくまであなたが自分の責任で行なうしかありません。

まずは、このことを肝に銘じた上で、その判断が適切に行なえるだけの知識を身につけるよう、しっかりと勉強してください。

2章 よい物件を見つける「不動産取引」のしくみ

1 不動産取引の流れ

不動産取引の大まかな流れは以下のとおりです。

①物件情報を探す……不動産屋さんにお願いしたり、インターネット情報を利用したりして、希望条件に合った物件情報を探します。

②内覧を行なう……現況を確認するべく物件の内覧を行ないます。物件が入居中であれば、基本的に室内を見ることはできないので、外観のみの確認となります。

③購入申し込みを行なう……慎重に検討した結果、物件を購入したいという意志が固まったら、書面で購入申し込みを行ないます。価格や物件の引き渡し時期等の交渉は、原則、このタイミングで行なうことになります。

④事前審査を受ける……金融機関からの融資を利用して不動産を購入する場合は、契約締結前に融資の可否について事前審査を受けます。なるべく以降の手続きの手間がムダにならないようにするためです。

⑤重要事項説明を受ける……購入しようとしている物件についての重要事項説明を受けます。本当に購入して問題のない物件なのか、しっかり確認してください。

⑥契約を締結する……重要事項説明を受けた結果、購入の意志が変わらなければ売買契約を締結します。「契約において手付金を交付すること」とされている場合には、このタイミングで買主から売主に手付金が交付されることになります。

⑦本審査を受ける……契約を締結したら、融資を受けるべく、速やかに金融機関の本審査を受けます。事前審査の結果が覆り、融資が否決された場合には、至急、別の金融機関にあたる必要があります。最終的に融資を受けられないということが確定すれば、売買契約は解除されることになります。

⑧金銭消費貸借契約を締結する……本審査を無事、通過したら、金融機関との間で金銭消費貸借契約を締結します。金銭消費貸借契約というのは、平たく言うと借金の契約のことです。

⑨決済および引渡し……売買残代金を支払う（決済）とともに売主から不動産および所有権移転登記に必要な書類の引渡しを受け、不動産売買取引は結了します。

不動産取引の大まかな流れ

①物件情報を探す

▼

②内覧を行なう

▼

③購入申し込みを行なう

▼

④事前審査を受ける

▼

⑤重要事項説明を受ける

▼

⑥契約を締結する

▼

⑦本審査を受ける

▼

⑧金銭消費貸借契約を締結する

▼

⑨決済および引渡し

POINT

不動産投資の場合、①から③に至る期間が非常に長くなる傾向にあります。この期間が年単位になることも決して少なくありません。つまり、そんなに簡単によい物件が見つかるわけではないということです。
③から⑨に至る期間は、融資利用がない場合で１カ月程度、融資利用がある場合で２カ月程度となります。

2 物件情報の集め方

物件情報の集め方は、インターネットを使って自力で探す方法と不動産屋さんにお願いして探してもらう方法の2種類があります。

以下、それぞれの概要について見ていきます。

◆インターネットを使って自力で探す方法

収益物件がたくさん掲載されている、いわゆる「物件情報サイト」を利用して、希望条件に合った物件情報を自力で探していく方法です。

主な収益物件の物件情報サイトとしては、左ページの3つがあります。物件情報サイトは他にもたくさんありますが、この3つのサイトに掲載されている物件しか掲載していないサイトがほとんどなので、この3つのサイトをチェックすれば十分かと思います。

◆不動産屋さんにお願いして探してもらう方法

不動産屋さんにお願いして希望条件に合った物件情報を探してもらう方法です。

不動産屋さんは、どこも基本的には**レインズ**を使って物件情報を探すので、同じような物件しか出てこないことが多いものです。

レインズとは、宅地建物取引業者（不動産屋さんのこと）が物件情報の交換をするためのネットワークシステムです。売主や貸主から物件の売買や賃貸について依頼を受けた宅地建物取引業者は、一定期間内に当該物件の情報をレインズに登録することを義務づけられています。

しかし、ときどきレインズ未登録の物件が出てくることがあるため、そういったレインズ未登録物件の情報を求めて、多くの投資家が不動産屋さんを渡り歩いています。

不動産屋さんを訪問したときによい物件情報がなかったとしても、見込み客として認識してもらえれば、よい物件の情報が出てきた際には、すぐに連絡をしてもらえる可能性があるので、連絡先などはしっかりと伝えておく必要があります。しつこく営業をかけられるのを恐れて、連絡先を伏せたりすることがないよう注意してください。

物件情報を集める

主要な3つの物件情報サイト

楽待(らくまち) https://www.rakumachi.jp/

収益物件情報掲載数No.1。今や不動産投資をする人は必ずチェックすべきサイトとなった。

健美家(けんびや) https://www.kenbiya.com/

収益物件情報サイトの老舗。物件情報の検索がしやすい、非常に使い勝手のいいサイト。

LIFULL HOME'S 不動産投資 https://toushi.homes.co.jp/

自己居住用の賃貸物件や売買物件の物件情報サイトで有名な LIFULL HOME'Sの運営する収益物件情報サイト。

不動産屋さん訪問時の注意点

①希望条件をしっかりと伝える

不動産屋さんを訪問するまでに、物件を探しているエリア、物件の種別、購入予算、利回りの最低ラインなどの希望条件を検討して、しっかりと伝えるようにしよう。希望条件がわかっていないと、不動産屋さんも物件の探しようがない。

②連絡先をしっかりと伝える

よい物件情報が出てきた際にすぐに連絡をしてもらえるように、名前や電話番号、メールアドレス、さらには連絡がつきやすい時間帯なども伝えておくようにしよう。しつこく営業をかけられる可能性がないとはいえないが、よい物件情報をもらうためと割り切るしかない。

③購入能力をしっかりと伝える

よい物件が出てきた際に、それを実際に購入できるだけの、経済的な意味での購入能力があることを伝えておく必要がある。年収や勤務先、自己資金の額のほか、すでに収益物件を所有している場合には、その物件の概要なども伝えておくべき。

よい物件情報を見つけるためのヒント

不動産投資をするためには、まず、よい物件情報を入手する必要がありますが、いくら探してもよい物件情報がまったく見つからないという話をよく聞きます。

そこでここでは、よい物件情報を見つけるためのヒントを2つご紹介しましょう。

◆レインズ登録物件をしっかりとチェックする

不動産投資をする人たちの多くは、レインズ登録物件＝ダメ物件のような思い込みがあるようですが、私は必ずしもそうではないと考えています。そういう物件の中から、他の不動産投資家が注視しない、思わぬ好物件がサクッと見つかったりすることもあります。

実は不動産屋さん、およびそこで働く営業マンの8割から9割が、不動産投資について大した知識を持っていません。そのため、収益性などを考慮せず、自己居住用物件と同じような方法で適当に査定してしまうこともしばしばです。その結果、収益性の高い物件が思わぬ安値で売りに出されていることもあるのです。

しかし、収益物件専門の情報サイトに頻繁に物件情報を登録しているような不動産屋さんは、不動産投資についてそれなりに知識があるので、不動産の収益性を無視したような安値をつけることはまずありません。一見、安そうに見えても、何らかの理由があって、結局、妥当な価格であることがほとんどです。

ですからレインズ登録物件についても軽視せず、しっかりとチェックすることをおすすめします。

◆自己居住用物件をチェックする

不動産投資をするとなると、どうしても現在すでに収益物件として運用されているものに注目してしまいがちですが、自己居住用物件の中にも、収益物件として運用すれば大きな利回りが得られるものが数多く含まれています。

とくにおすすめしたいのが、自己居住用としては需要が乏しそうな狭小物件です。狭小物件は安値になりやすいので、収益物件として運用すれば思わぬ高利回りになることも。自己資金だけで購入できる物件も数多く出回っているので検討してみてください。

自己居住用物件から投資対象となる物件を探すポイント

3DK以下の広さの物件を中心に探す

3DK以下の広さの物件は、自己居住用物件としては需要がかなり落ちる。そのため価格が安く、利回りが高くなりやすい。

築年数が古い物件を選ぶ

築年数が古く、建物の減価償却がほぼ終わっているような物件は、土地値に近い価格で購入することができるため、利回りが高くなりやすい。

現在、居住中、もしくは空き家になって間がない物件を中心に探す

古い戸建の場合、人が住んでいない期間が長くなると、急に故障個所が増えることがあるため、現在、居住中、もしくは空き家になって間がない物件を中心に探す。

土地は原則、狭いほうがよい

土地が広くても建物の広さが同じであれば、とれる家賃はほぼ変わらない。そのため、土地が狭くても価格が安い物件のほうが利回りが高くなる（ただし、駐車場の有無は、取れる家賃に影響することに注意）。

建物の広さが同じA物件とB物件を比べた場合、売買価格はA物件のほうがはるかに高くなるが、とれる賃料はほぼ同じ。したがって、B物件のほうが圧倒的に利回りが高くなる。

4 不動産屋さんの選び方

不動産投資を成功させるためには、取引の窓口となる不動産屋さんがどんな不動産屋さんかということも非常に重要になってきます。そこで不動産屋さんの選び方のポイントをご紹介しておきたいと思います。

◆誠実であるか

昔から比べれば随分マシになりましたが、それでもいまだにお客さんをだますような不動産屋さんが少なからずいます。そんな不動産屋さんを頼っていては、不動産投資を成功させることなどできるはずもないので、まずはお客さんに対して誠実であるかどうかをしっかりと見極めましょう。不動産屋さんの誠実さを見極めるためのポイントは次のとおりです。

- **理由もなく決断を急かしたりしないか**
- **お客さんの話を真剣に聞こうとする姿勢があるか**
- **お客さんの質問に真剣に答えようとする姿勢があるか**
- **物件や取引上の問題点についてしっかりと指摘してくれるか**
- **連絡の約束などをしっかり守っているか**

◆収益物件の取引について知識があるか

不動産屋さんの中には、普段、自己居住用物件ばかりを扱っていて、収益物件の取引については、まったくと言っていいほど知識がない人が結構多くいます。

そういう不動産屋さんを選んでしまうと、取引がスムーズに進まなくなってしまうこともあるので、ある程度は収益物件の取引について経験がある不動産屋さんを選ぶようにしてください。

この点についての確認方法ですが、率直に「収益物件の取引を、普段、されることがありますか？」と聞いてみましょう。とくに失礼な質問ではないので、相手も普通に答えてくれるはずです。

なお、ここで言っているのはあくまで収益物件の「取引」についてです。収益物件の「収益性」の判断についてまでアドバイスができるような不動産屋さんはまずいないので、その点は誤解されませんように。「収益性」の判断は、あくまで自分でするべきものと考えてください。

不動産屋さんの選び方のポイント［番外編］

優先順位の高いお客さんになれる不動産屋さんか？

大手の不動産屋さんや収益物件を専門に扱うような不動産屋さんには、たしかに町の小さな不動産屋さんより、表に出ていないおいしい収益物件の情報が集まる可能性が高くなります。しかし、それと同時に収益物件を探すお客さんもたくさん集まってきます。

そして、不動産屋さんに集まったおいしい収益物件の情報は、年収が高く、自己資金をたくさん持っている、より確実にその物件を購入できそうなお客さんから順番に流されることになります。

つまり、あなたが不動産屋さんから見て、優先順位が高いお客さんではない場合には、あなたのところに流れてくる物件情報は、優先順位の高いお客さんたちがあえて購入を見送った、大しておいしくない物件情報ばかりになるということです。

そんなことになるくらいなら、おいしい収益物件の情報が集まる可能性はそれほど高くなくても、自分に最優先で連絡してくれそうな小さな不動産屋さんに声をかけておくほうが、よっぽどいいですよね。

案外、見逃されがちな点なので、注意しておいてください。

不動産投資物件の購入希望客の多い不動産屋さんの物件情報は、流しそうめんのようなもの。もしもあなたが不動産屋さんにとって優先順位の低い下流のお客さんなら、流れてくるのは上流の優先順位の高いお客さんがあえて購入を見送った物件ばかり。

5 不動産屋さんとのつき合い方

不動産屋さんとのつき合い方については、以下の点について注意してください。

①言っていることを鵜呑みにしない

不動産屋さんの仕事は、あなたに不動産を購入してもらうことです。あなたを不動産投資で成功させることではありません。まずは、このことをしっかり認識してください。つまり、不動産屋さんの発言は、常にあなたを不動産購入へと誘導するような方向にバイアスがかかりやすいということです。

もちろん、ほとんどの不動産屋さんは、まるっきりのウソをつくようなことはしないでしょう。ウソをつけば、確実にクレームになってしまいます。しかし、たとえば、エリア判断について、「普通程度の人気しかないエリア」でも、「まあまあ人気のあるエリア」のように発言することは十分考えられます。

こういうウソとも言えないレベルの発言の積み重ねが、投資判断を大きく誤らせることはよくあります。不動産屋さんが物件について何かプラスの発言をする際には、意識的に割り引いて聞くようにするくらいの用心深さが必要です。

②うるさいお客さんだと思わせる

不動産屋さんとは、あまり親しくなりすぎないほうがいいでしょう。馴れ合いになると、不動産屋さん側の気のゆるみから、いい加減な対応をされる可能性が高くなるからです。むしろ、うるさいお客さんだと思わせるくらいでちょうどいいと考えてください。

うるさいお客さんだと思わせれば、不動産屋さんの側も、いい加減な対応はできなくなります。

③投資判断について依存しない

前述したとおり、不動産屋さんは「不動産取引」のプロであって、「不動産」のプロというわけではありません。ましてや投資判断ができるだけの知識があるのは非常に稀なことなので、間違っても投資判断について、不動産屋さんに依存しないようにしてください。

投資判断は収益性のシミュレーションなどを行なった上で、あくまで自分でするべきものです。

かしこい不動産屋さんとのつき合い方

①言っていることを鵜呑みにしない

不動産屋さんが仲介する場合の報酬である仲介手数料は、成功報酬。つまり、どれほど熱心に不動産の購入についてアドバイスを行なっても、成約できなければ、不動産屋さんは1円の報酬も受け取ることができない。
こういった事情もあって、不動産屋さんの発言は、お客さんを購入する方向に誘導するようなバイアスがかかりやすくなっているということ。

②うるさいお客さんだと思わせる

別に不動産屋さんに嫌われる必要はないし、ましてや無意味なクレームをつけたりする必要もないが、不動産屋さんにしっかりとした仕事をしてもらうためには、緊張感のある関係性を保つべき。

③投資判断について依存しない

不動産屋さんは、「不動産取引」のプロ。不動産屋さんには、原則的に投資判断に関する知識はないので、まず不動産投資について適切なアドバイスは期待できない。少なくとも投資判断に関することについては、不動産屋さんに依存する気持ちが起こらないくらいのレベルの知識を得てから、不動産投資の実行段階に進むようにしよう。

POINT

不動産屋さん  不動産のプロ

||

不動産取引のプロ

投資判断などについては絶対に依存してはいけない！

6 不動産取引の3つの態様

不動産取引の態様は、その取引における不動産屋さんの立ち位置に応じて次の3種類に分類できます。

・**売主**……不動産屋さん自身が不動産の売主となる場合です。売主直売で他に代理や媒介する不動産屋さんがいなければ仲介手数料の支払いは不要です。

・**代理**……不動産屋さんが売主、もしくは買主（通常は売主側）の代理人となって取引に関与する場合です。売主も不動産屋さんである新築マンションの分譲時などによく用いられる取引態様で、中古の収益物件の売買では、あまり用いられることはありません。

・**媒介（仲介）**……不動産屋さんが売主と買主を媒介して取引を成立させます。この場合、媒介してくれた不動産屋さんに仲介手数料を支払う必要があります。

なお媒介とは、売主と買主を引き合わせ、取引がスムーズに進むようにサポートすることです。

◆取引態様の確かめ方

取引態様は広告の法定記載事項なので、広告を見ればすぐに確認することができます。また不動産屋さんから提供される物件資料にも必ず掲載されているので、そちらで確認してもいいでしょう。広告や物件資料を見てもわからない場合には、不動産屋さんに「取引態様は何ですか？」と聞いてください。「売主です」とか「媒介（仲介）です」とか答えてくれるはずです。

◆取引態様は売主、媒介のどちらが得か

仲介手数料の有無だけを考えれば、取引態様は売主のほうが得に感じられるかもしれませんが、必ずしもそうとは言い切れません。媒介業者の存在によって取引の公平性、適正が担保されることがあるからです。

不動産の取引経験があまりないとか、取引条件の交渉についてあまり自信がないような場合には、取引態様が売主であっても、あえて媒介業者を利用するというのもひとつの方法といえます。

なお、媒介業者から紹介を受けて取引が進みかけている物件について、仲介手数料惜しさから媒介業者を排除して売主と直接、取引しようとする人がいますが、高い確率でトラブルになるのでやめておきましょう。

不動産取引の3つの態様

売主 売主は不動産屋さん

売主　買主

不動産屋さん

代理 代理人だけでなく、売主も不動産屋さんであることが一般的

売主　代理人　買主

売主も不動産屋さんのことが多い　不動産屋さん

媒介（仲介） 媒介業者は2社以上になることもある

売主　買主

媒介業者

不動産屋さん

物件資料のサンプル

取引態様はここで確認できる

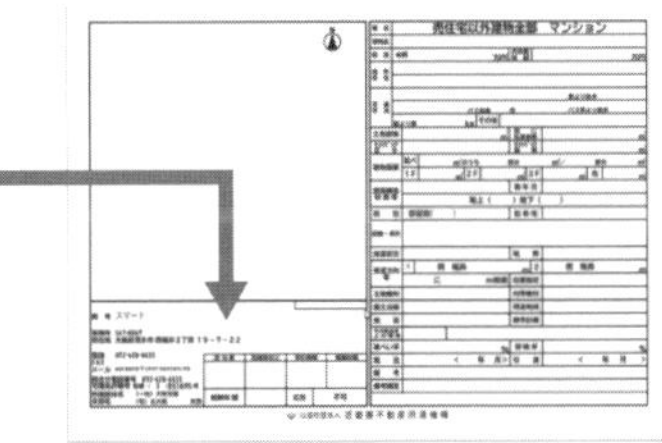

物件を見学するときのチェック事項① 建物編

気になる物件情報が見つかったら、購入を検討するべく物件を実際に見学します。物件見学時にチェックすべき事項には様々なことがありますが、最低限、以下の事項についてはしっかりチェックしてください。

・建物の外壁・基礎部分……建物の外壁・基礎部分を周囲4方向から確認します。外壁や基礎部分の大きなクラック（ひび割れ）が放置されている場合には、建物が適切に維持管理されてこなかった可能性があり、購入後の修繕費が大きくなることが予想されます。

一棟マンションなどで屋上に上がることができる場合には、屋上のクラックが適切に修繕させてもらうようにしてください。屋上の状況も必ず確認させずに放置されていたら、建物に深刻なダメージが発生している可能性があります。

・共用部分……マンション等の共同住宅の場合は、玄関や廊下、階段、エレベーターなどの共用部分に故障個所がないか確認する必要があります。

共用部分の保守管理の状況は、入居者が物件を決める際の重要な要素です。廊下のタイルがひび割れていたり、集合ポストが壊れたりしているとイメージが悪くなり、客付けが難しくなるので、「よいイメージを与えられるように修繕するには、どの程度の費用がかかりそうか」という視点からチェックしてください。

区分所有マンションの購入を検討している場合には、共用部分の状況は、そのマンション全体の管理の質として捉えるべきです。管理の質が悪いとマンションの収益性や資産価値は当然下がりますが、一オーナーレベルで管理の質を変えることは難しいので、基本的には購入を見送るのが無難でしょう。

・室内……空き家の場合には、内覧させてもらって室内の状況をしっかりチェックしてください。明確な故障個所の有無だけでなく、部屋全体が古びた印象になっていないかなども確認する必要があります。

キッチンやお風呂、トイレ等の水回りはとくに入念にチェックするようにしてください。リフォームするとなると大きな費用がかかることになるからです。

建物のチェック事項

建物の外壁・基礎部分のチェック

- 建物の外壁・基礎部分を4方向から確認
- 屋上に上がることができる場合には、屋上の状況も必ず確認

共用部分のチェック

- マンション等の共同住宅の場合、玄関や廊下、階段、エレベーターなどの共用部分についても故障個所がないか確認
- 区分所有マンションの場合には共用部分の状況を「管理の質」と捉えてチェックする

室内のチェック

- 内覧できる場合には明確な故障個所の有無や、部屋全体が古びた印象になっていないかなどを確認
- キッチンやお風呂、トイレ等の水回りは、とくに入念にチェックする

物件を見学するときのチェック事項② その他編

・**境界**……隣地との境界が明確になっているか確認します。境界杭がしっかりと入っているのが理想ですが、境界杭が入っていなくても壁やフェンスで敷地が区切られている場合には、隣地所有者との間でその付近を境界線と考える共通認識があることが予想されるので、それほど気にする必要はないと思います（しかし、重要事項説明を受ける際にはしっかり確認しましょう）。

・**駅までの距離等**……駅等までの距離は物件資料等にも記載されていますが、適当な徒歩時間が記載されていることもよくあるので、必ず自分でも確認するようにしてください。

とくに徒歩時間が15分を超える場合、実際には20分以上かかるなど、時間の誤差が大きくなりがちなので注意が必要です。

賃貸物件を探している人は、売買物件を探している人以上に利便性についてシビアです。駅等までの距離は収益性に直接影響を与えるものと考えてください。

・**周辺環境**……周辺に住環境を害するような建物や施設がないか、さらにその影響の程度を確認するようにしてください。

たとえば電車の線路が近い場合には電車通過時の騒音や揺れ、始発・最終電車の時間帯について、工場などがある場合には操業時の騒音や臭気について、車の出入りが激しい大型の商業施設などがある場合には混雑時の道路状況等について、それぞれチェックしておく必要があります。

周辺環境は入居者の募集のしやすさや入居期間の長さという形で、必ず物件の収益性に影響します。

・**バルコニー、駐車場等**……バルコニーや駐車場の利用状況を見ると、現在の入居者の質をうかがい知ることができます。

とくに一棟マンションの場合、あまり質がよくないと感じられるような入居者がいると、新規の入居者の募集が難しくなるなど、運営上の様々な問題が生じる可能性があるので注意が必要です。

物件まわりのチェック事項

境界についてのチェック

- 隣地との境界が明確になっているかを境界杭等で確認
- 境界杭が入っていない場合、重要事項説明時などにしっかりと確認

駅までの距離等のチェック

- 徒歩距離等は自分でも必ず確認
- 駅までバス利用の場合、混雑時の運行状況も確認

周辺環境のチェック

- 電車の線路が近い場合には、電車通過時の騒音や揺れ、始発・最終電車の時間帯についてチェック
- 工場などがある場合には、操業時の騒音や臭気についてチェック
- 車の出入りが激しい大型の商業施設などがある場合には、混雑時の道路状況等についてチェック

バルコニー、駐車場等のチェック

- バルコニーにゴミなどが積み上げられたりしていないかをチェック
- 駐車場に不審な車が止められていないかをチェック

物件購入の契約条件を交渉する

物件について検討した結果、購入の意志が固まったら、書面で購入の申し込みを行ないます。この購入の申し込みを「**買い付け**」といいます。買い付けでは購入の意志を売主に明確に示すとともに、各種契約条件の交渉を行なうことになります。

◆価格交渉のコツとは

価格交渉の成功は、不動産投資における利回りの向上を意味します。少しでも希望購入価格に近づけることができるよう、しっかりと交渉する必要があります。

価格交渉を成功させるポイントは、次の2点です。

①最初は強めの交渉を行なう……たとえば、あなたが売出し価格５２００万円の物件を５０００万円で購入したいと思っているのなら、「５０００万円にしてくれませんか」と交渉するのではなく、とりあえずは、「４８００万円にしてくれませんか」と交渉するということです。

価格交渉に対する売主からの回答は、常にＹＥＳかＮＯのいずれかになるわけではなく、売出し価格とこちらの提示した価格の中間でどうか、という回答がなされることが多いのです。最初から正直に本音を明らかにするようでは、希望価格で購入することは難しくなります。そこで希望価格で購入できるよう、最初は強めに価格交渉を行なうようにしてください。

②交渉の理由をつける……価格交渉を行なう際には、必ず値引きを求める理由をつけるようにしてください。具体的にはこんな感じで交渉すればいいでしょう。

「外壁のクラックを修繕する工事が必要だと思うので、その費用分、値引きをお願いしたいのです」

◆引渡し時期を早くする

物件の引渡し時期が早ければ早いほど、賃料を受け取る時期が早くなり、買主にとっては有利になります。不動産屋さんに相談して、無理のない範囲でなるべく引渡し時期が早くなるように交渉してください。

売主の都合で引渡し時期が少し先になる場合は、そのことも価格交渉を行なう上での材料になります。

「不動産購入申込書」(買い付け)のひな型

不動産購入申込書

＿＿＿＿＿＿＿＿　　　　平成　年　月　日

住所
氏名　印

私は、貴社より紹介を受けております後記表示の不動産を、下記条件にて購入することを申込みいたします。

購入価格及び支払条件

購入金額	金　　　　円
内消費税額	金　　　　円
手付金	金　　　　円
預金	金　　　　円
融資利用予定	有　・　無
ローン借入予定金額	金　　　　円
契約締結予定日	平成　年　月　日
取引予定日(残金支払日)	平成　年　月　日
特約	

本書の有効期限　年　月　日

※当社は速やかに上記条件にて売主と折衝します。また、本書は売買契約書ではありません。売主の応諾が得られ次第、売買契約を締結していただきます。

物件の表示

所在地	
建物の名称	
建物面積(延床面積)	
土地面積	

不動産購入申込書のことを、不動産業界では慣習で「買い付け」と呼んでいる

POINT

金融機関からの融資を利用して不動産を購入する場合は、「売買契約にローン特約(金融機関から融資を受けられないときには契約を無条件解除できることを定めた特約)を付帯してほしい」旨を記載する必要があります。

「重要事項説明」とは何か

◆対象不動産の商品説明

売主に対して購入申し込みを行ない、承諾を得ることができたら、売買契約を締結する前段階として「**重要事項説明**」を受けます。重要事項説明とは、平たく言うと売買契約の対象不動産の商品説明みたいなものです。

不動産というのは、見た目だけではわからない事情がいろいろとあるものです。そうした事情を事前に買主にしっかり説明して、本当に売買契約を締結していいのか検討するための判断材料にしてもらおうということです。

重要事項説明は書面を交付して行なわれますが、その記載事項は左ページのとおりです。

◆重要事項説明においてもっとも大事なこと

重要事項説明でもっとも大事なのは、「**わからないことはわかるまで質問して説明してもらう**」ことです。

重要事項説明の場面では、買主が、同席している売主や売主側の不動産屋さんに気を使って、説明内容がよくわかっていないのに、わかっているふりをして売買契約の段階に進んでしまうことがよくあります。

しかし、何千万円、何億円もするようなものを、商品内容もよくわからないまま購入するなんて危険すぎますよね。実際、私が知る範囲でも、建物の再建築ができないような不動産を再建築できると誤信したまま購入してしまったような話もあります。

そんな悲惨なことにならないように、わからないことはわかるまできっちり説明してもらうようにしてください。

◆おかしいと思ったら契約しない

重要事項説明を受けていて、購入を躊躇するような新たな事実や、事前の説明と異なる事実が出てきたら、勇気を持って契約の段階に進むことを断ってください。売主や不動産屋さんに気を使う必要はありません。

その場の空気に流されて、そのまま契約してしまうようなことは絶対に避けてください。

不動産購入時の「重要事項説明書」の記載事項

- 登記された権利の内容
- 法令上の制限
- 私道に関する負担に関する事項
- 飲用水、電気及びガスの供給並びに排水のための施設の整備の状況
- 当該宅地又は建物が宅地の造成又は建築に関する工事の完了前のものであるときは、その完了時における形状、構造等
- 当該建物が既存の建物であるときは、次に掲げる事項
  イ　建物状況調査を実施しているかどうか、及び実施している場合における結果の概要
  ロ　設計図書、点検記録その他の建物の建築及び維持保全の状況に関する書類で国土交通省令で定めるものの保存の状況
- 代金、交換差金及び借賃以外に授受される金銭の額及び当該金銭の授受の目的
- 契約の解除に関する事項
- 損害賠償額の予定又は違約金に関する事項
- 手付金等の保全措置の概要(宅建業者が自ら売主となる取引の場合に限る)
- 支払金又は預り金を受領しようとする場合において、保全措置を講ずるかどうか、及びその措置を講ずる場合におけるその措置の概要
- 代金又は交換差金に関する金銭の貸借のあっせんの内容及び当該あっせんに係る金銭の貸借が成立しないときの措置
- 当該宅地又は建物が種類又は品質に関して契約の内容に適合しない場合におけるその不適合を担保すべき責任の履行に関し保証保険契約の締結その他の措置で国土交通省令・内閣府令で定めるものを講ずるかどうか、及びその措置を講ずる場合におけるその措置の概要
- 造成宅地防災区域内にあるときはその旨
- 土砂災害警戒区域内にあるときはその旨
- 宅地又は建物が津波防災地域づくりに関する法律により指定された津波災害警戒区域内にあるときは、その旨(宅地建物取引業法施行規則16条の4の3第3号)
- 宅地又は建物が津波災害特別警戒区域内にあるときは、その旨も合わせて記載
- 当該建物について、石綿の使用の有無の調査の結果が記録されているときは、その内容
- 当該建物が建築物の耐震改修の促進に関する法律上の耐震診断を受けたものであるときは、その内容(昭和56年6月1日以降に新築の工事に着手したものは除く)
- 当該建物が住宅性能評価を受けた新築住宅であるときは、その旨
- 割賦販売契約の場合、1.現金販売価格 2.割賦販売価格 3.宅地又は建物の引渡しまでに支払う金銭の額及び賦払金の額並びにその支払の時期及び方法

※取引対象不動産が区分所有建物の場合、さらに敷地権の種類および内容や管理費、修繕積立金などについて記載される

重要事項説明のチェックポイント① 接道状況

◆建物の再建築ができないケース

ここからは重要事項説明においてとくにチェックするべきポイントをご紹介したいと思います。

まずは**接道状況**についてです。都市計画区域および準都市計画区域内の建築物の敷地は、「**原則として建築基準法上の幅員4m以上の道路に2m以上接していなければならない**（**一部地域では6m以上**）」とされています（建築基準法43条「接道義務」）。この接道義務を満たしていないと、その敷地に建物を再建築することはできないので注意が必要です。

接道状況の確認をする上で重要になるのが、その敷地に接している道路の種別の判定です。見た目にはアスファルト敷きの立派な道路でも、建築基準法上の道路ではないということがありえるからです。建築基準法上の道路でなければ、建物の再建築はできないので、建築基準法上の道路であることをしっかりと確認するようにしてください。

建築基準法上の道路とは左ページのとおりです。

なお、これらの道路のうち、建築基準法42条2項の道路（以下、2項道路という）に該当する場合には注意が必要です。2項道路に該当する場合、道路の幅員を4m以上とするために、将来的に敷地を後退する必要があるからです（セットバック）。

◆買ってはいけないということではない

なお、ここで言いたいのは、接道義務を満たしておらず、建物の再建築ができないような不動産を買ってはいけないということではありません。そういった不動産であっても、そのことを認識した上で、価値に見合った価格で購入するのであれば、とくに問題はありません。保有期間中の利回りが20%を超えるなど、非常に大きいものになるのなら、決してありえない選択ではないと思います。

しかし、再建築できない不動産の購入については、原則として金融機関の融資を利用することができません。したがって再建築できない不動産を購入できるのは、現金で購入できる買主だけということになります。

接道義務のイメージ

建築基準法上の道路

建築基準法42条1項	1号	道路法による道路
	2号	都市計画法、土地区画整理法等による道路
	3号	建築基準法第3章の規定が適用されるに至った際、現に存在する道
	4号	道路法、都市計画法、土地区画整理法等による新設又は変更の事業計画のある道路で、2年以内にその事業が執行される予定のものとして特定行政庁が指定したもの
	5号	土地を建築物の敷地として利用するため、道路法、都市計画法、土地区画整理法等によらないで築造する政令で定める基準に適合する道で、これを築造しようとする者が特定行政庁からその位置の指定を受けたもの(位置指定道路)
建築基準法42条2項		都市計画区域もしくは準都市計画区域の指定もしくは変更等により建築基準法第3章の規定が適用されるに至った際、現に建築物が立ち並んでいる幅員4メートル未満の道で、特定行政庁の指定したもの

※自動車専用道路は接道義務の規定に言う道路からは除外されている
※接道義務を満たしていなくても、例外的に建物の建築が認められることがある(建築基準法43条2項)

重要事項説明のチェックポイント② 建ぺい率と容積率

◆建ぺい率とは

建ぺい率とは、**建築物の敷地面積に対する建築面積の割合**のことをいいます。建築面積は通常、1階部分の面積になります。具体的な建ぺい率は左ページの表1のとおりです。なお、建ぺい率については以下のような緩和措置があります。

・防火地域内にある耐火建築物、または準防火地域内にある耐火建築物、準耐火建築物については+10%（防火地域内でもともとの建ぺい率が80%の場合には+20%）

・街区の角にある敷地またはこれに準ずる敷地で特定行政庁が指定するものの内にある建築物については+10%

◆容積率とは

容積率とは、**建築物の敷地面積に対する延床面積の割合**のことをいいます。前面道路の幅員が12m以上の場合の容積率は左ページの表2のとおりです。

幅員が12m未満の場合の容積率は、左ページの表2に記載されているものと、前面道路の幅員に表3に記載されている数値を掛けて求められたものを比較して、より小さいほうになります（左ページ例参照）。

◆ここに注意

建ぺい率と容積率について注意すべき点は、**現存している建物の建ぺい率と容積率が法令で定める基準を超えていないか**という点です。

建築された当時は法令で定める基準に抵触していなかったものの、法改正により、事後的に法令で定める基準に抵触することになった建物を**既存不適格建築物**といいます。また、建築された当時から法令で定める基準に抵触していた建物を**違法建築物**といいます。

既存不適格建築物、違法建築物のいずれに該当する場合にも、購入に際しては金融機関からの融資を受けることができないので注意が必要です。

たとえ自分は現金で購入できても、売却する際には買主が現金で購入できる人に限られることになってしまいます。

建ぺい率と容積率

表❶ 建ぺい率(建築基準法53条)

第一種低層住居専用地域、第二種低層住居専用地域、第一種中高層住居専用地域、第二種中高層住居専用地域、田園住居地域又は工業専用地域内の建築物	30%、40%、50%、60%のうち、当該地域に関する都市計画において定められたもの
第一種住居地域、第二種住居地域、準住居地域又は準工業地域内の建築物	50%、60%、80%のうち、当該地域に関する都市計画において定められたもの
近隣商業地域内の建築物	60%又は80%のうち、当該地域に関する都市計画において定められたもの
商業地域内の建築物	80%
工業地域内の建築物	50%又は60%のうち、当該地域に関する都市計画において定められたもの
用途地域の指定のない区域内の建築物	30%、40%、50%、60%、70%のうち、特定行政庁が土地利用の状況等を考慮し当該区域を区分して都道府県都市計画審議会の議を経て定めるもの

表❷ 指定容積率(建築基準法52条1項)

第一種低層住居専用地域、第二種低層住居専用地域又は田園住居地域内の建築物	50%、60%、80%、100%、150%、200%のうち、当該地域に関する都市計画において定められたもの
第一種中高層住居専用地域、第二種中高層住居専用地域、第一種住居地域、第二種住居地域、準住居地域、近隣商業地域、準工業地域内の建築物	100%、150%、200%、300%、400%、500%のうち、当該地域に関する都市計画において定められたもの
商業地域内の建築物	200%、300%、400%、500%、600%、700%、800%、900%、1000%、1100%、1200%、1300%のうち、当該地域に関する都市計画において定められたもの
工業地域内、工業専用地域内の建築物	100%、150%、200%、300%、400%のうち、当該地域に関する都市計画において定められたもの
用途地域の指定のない区域内の建築物	50%、80%、100%、200%、300%、400%のうち、特定行政庁が土地利用の状況等を考慮し当該区域を区分して都道府県都市計画審議会の議を経て定めるもの

表❸ 指定乗数

第一種低層住居専用地域、第二種低層住居専用地域又は田園住居地域内の建築物	10分の4
第一種中高層住居専用地域もしくは第二種中高層住居専用地域内の建築物又は第一種住居地域、第二種住居地域もしくは準住居地域内の建築物	10分の4(特定行政庁が都道府県都市計画審議会の議を経て指定する区域内の建築物にあっては、10分の6)
その他の建築物	10分の6(特定行政庁が都道府県都市計画審議会の議を経て指定する区域内の建築物にあっては、10分の4又は10分の8のうち特定行政庁が都道府県都市計画審議会の議を経て定めるもの)

例 第一種中高層住居専用地域内の指定容積率200%、指定乗数10分の4、前面道路の幅員6mの土地の容積率

前面道路の幅員による容積率　6m×10分の4＝24/10＝240%

200%＜240%　→　この土地の容積率は200%

13 重要事項説明のチェックポイント③ その他

重要事項説明において注意すべきポイントとしては、他に以下のようなものがあります。

・**区域区分**……市街化区域と市街化調整区域の区分が示されます。**市街化区域**とは、すでに市街地を形成している区域および、おおむね10年以内に優先的に市街化を図るべき区域のこと、**市街化調整区域**とは、市街化を抑制すべき区域のことをいいます。

基本的には市街化区域内の不動産のみを購入の対象としてください。市街化調整区域は原則として建物の建築をすることができないからです。

・**用途地域**……**用途地域**とは、地域ごとに建物の用途をなるべく区分するべく、定められる地域地区のひとつです。

用途地域の重要な点は、用途地域がわかれば、購入対象となる不動産の周辺環境が今後、どのように変化する可能性があるのかを予測できることです。

周囲に環境を害するような用途の建物が建築されれば、不動産の収益性に大きな影響が出ることも考えられるので慎重に検討するようにしてください。

・**私道負担に関する事項**……私道負担の有無や私道負担がある場合には、負担部分の面積などが説明されます。

私道負担があれば、土地の有効利用面積が減少することになるのでしっかりと確認する必要があります。

・**土砂災害警戒区域や津波災害警戒区域に指定されていないか**……土砂災害警戒区域（土砂災害特別警戒区域）や津波災害警戒区域（津波災害特別警戒区域）の指定の有無は、賃貸物件を探している人にとって物件選びをする際の重要な選択基準になります。

・**ライフラインの整備状況**……上下水道やガス、電気の供給施設や排水施設等の整備状況は、将来の工事費負担が懸念されるだけでなく、賃貸物件を探している人にとっては選択基準にもなり、不動産の収益性に少なからず影響を与えます。未整備の場合には、利用できるようにするための工事費負担額などを知っておく必要があります。

用途制限一覧表

	田園	一種低層	二種低層	一種中高層	二種中高層	一種住居	二種住居	準住居	近隣商業	商業	準工業	工業	工業専用
寺院・教会・神社	●	●	●	●	●	●	●	●	●	●	●	●	●
保育所・診療所・公衆浴場	●	●	●	●	●	●	●	●	●	●	●	●	●
老人福祉センター・児童厚生施設	△	△	△	●	●	●	●	●	●	●	●	●	●
巡査派出所・公衆電話	●	●	●	●	●	●	●	●	●	●	●	●	●
住宅・共同住宅・寄宿舎	●	●	●	●	●	●	●	●	●	●	●	●	×
兼用住宅で店舗、事務所部分の規模が一定以下のもの	●	●	●	●	●	●	●	●	●	●	●	●	×
図書館等	●	●	●	●	●	●	●	●	●	●	●	●	×
老人ホーム・身障者福祉ホーム	●	●	●	●	●	●	●	●	●	●	●	●	×
幼稚園・小学校・中学校・高校	●	●	●	●	●	●	●	●	●	●	●	×	×
大学・高等専門学校・専修学校	×	×	×	●	●	●	●	●	●	●	●	×	×
病院	×	×	×	●	●	●	●	●	●	●	●	×	×
床面積合計150㎡以内の一定の店舗、飲食店等	△	×	△	●	●	●	●	●	●	●	●	●	×
床面積合計500㎡以内の一定の店舗、飲食店等	△	×	×	●	●	●	●	●	●	●	●	●	×
上記以外の物品販売業の店舗・飲食店等	×	×	×	×	●	●	●	●	●	●	●	●	×
特定大規模建築物 （床面積合計10000㎡超の店舗・飲食店等）	×	×	×	×	×	×	×	×	●	●	●	×	×
ボーリング場・スケート場	×	×	×	×	×	●	●	●	●	●	●	●	×
ホテル・旅館	×	×	×	×	×	●	●	●	●	●	●	×	×
自動車教習所・床面積の合計が15㎡を超える畜舎	×	×	×	×	×	●	●	●	●	●	●	●	●
パチンコ屋・麻雀屋等	×	×	×	×	×	×	●	●	●	●	●	●	×
カラオケボックス	×	×	×	×	×	×	●	●	●	●	●	●	●
2階以下かつ床面積の合計が300㎡以下の 自動車車庫	×	×	×	●	●	●	●	●	●	●	●	●	●
営業用倉庫・3階以上または床面積合計が 300㎡超の自動車車庫	×	×	×	×	×	×	×	●	●	●	●	●	●
客席床面積合計が200㎡未満の劇場映画館演芸場等	×	×	×	×	×	×	×	●	●	●	●	×	×
客席床面積合計が200㎡以上の劇場映画館演芸場等	×	×	×	×	×	×	×	×	●	●	●	×	×
キャバレー・料理店・ダンスホール等	×	×	×	×	×	×	×	×	×	●	●	×	×
個室付浴場	×	×	×	×	×	×	×	×	×	●	×	×	×

14 売買契約時の注意点

重要事項説明の内容に納得し、購入の意思が固まったら正式に売買契約を締結します。売買契約書については重要事項説明書と違って、宅地建物取引士による説明が法律上、義務づけられているわけではありませんが、通常は内容の読み合わせを行ないます。

営業マンが契約書の内容を読み上げてくれるので、不明な点があったら質問して、しっかりと内容を理解した上で契約を締結するようにしてください。

以下、一般的な売買契約書の内容をご紹介します。

・**手付解除**……買主が売主に手付金を交付している場合、相手が契約の履行に着手するまでは、買主は交付している手付金を放棄して、売主は手付金の倍額を償還して、当該売買契約を解除することができます。

・**引渡し前の滅失・損傷**……売買契約の目的となる不動産が天災地変その他、売主または買主のいずれの責めにも帰すことのできない事由によって滅失したときは、買主は売買代金の支払いを拒むことができ、当該売買契約を解除することができます。

・**債務不履行による解除**……売主または買主は、相手方が契約に定める債務を履行しないときは、相当の期間を定めて催告をし、相当期間内に履行がされない場合には契約を解除することができます。

・**融資が承認されない場合の解除**……買主が融資を利用して不動産を購入しようとする場合に、一定の期日までに金融機関からの融資の承認が得られない場合には、売買契約を無条件解除することができます。

この場合、売主に交付済みの手付金は、そのまま買主に返還されることになります。なお、この条項を契約の内容としたい場合には、購入申込書を提出する時点で売主にその旨を伝えておかなければなりません。

・**契約内容不適合責任**……引き渡された不動産が、重大な故障個所があるなど、契約の内容に適合しないときには、買主は売主にその修補を請求することができます。その不適合が売主の責めに帰すべき事由によるものであるときは、修補に代えて、または修補とともに損害賠償請求をすることができます。

契約書の重要ポイント

- 手付解除
- 引渡し前の滅失・損傷
- 債務不履行による解除
- 融資が承認されない場合の解除
- 契約内容不適合責任

- いずれもトラブル発生時の解決方法についての記載
- 本来、売買契約は売主・買主の意思表示の合致だけで成立する
- それにもかかわらず、わざわざ売買契約書を交わすのは、トラブル発生時に備えてのことである。だから、トラブル発生時の解決方法についての記載は、しっかりと確認しておくこと!

契約書の内容に従ってトラブルを解決

COLUMN 2

疑問を感じたら、必ず質問する

昔、私が仲介業者として関与した取引現場で、こんなことがありました。

その取引では、重要事項説明を売主さん側の仲介業者の宅建士が行なったのですが、その宅建士がものすごく早口だったのです。しかも、重要事項説明書に書かれていることをただ読み上げるだけで、わかりにくい記載について説明しようとする素振りもない。すると、重要事項の説明が始まってすぐに、買主さんが宅建士を止めてこう言いました。

「そんなスピードで読み上げられても、私にはとても内容を理解することができません。素人の私でも内容が理解できるように、ゆっくりと丁寧に説明していただけませんか。私は内容も理解できていないような書類にハンコをついたりはしませんよ」

買主さんの口調はケンカ腰などではなく、あくまで穏やかなものでしたが、それでもその場に一瞬、ピリッとした緊張感が走りました。

やや間はありましたが、宅建士は素直に謝罪。以降、上手ではないなりに、買主さんにちゃんと理解してもらえるように心がけた丁寧な説明が行なわれました。

最初、買主さんの発言を聞いたときは、私も正直ドキッとしましたが、買主さんが言われていることは至極、真っ当なことです。

重要事項説明は、買主さんに、取引対象となる不動産のことをよく理解してもらうことが目的です。買主さんが理解できないような形でなされては、何のために重要事項の説明をするのか、わかりませんよね。

重要事項説明に限らず、わからないことがあれば、宅建業者に説明を求めるのは買主さんの当然の権利です。そして、説明を求められた際に、買主さんがわかるように、しっかりと説明するのは宅建業者の当然の義務です。

変に空気を読んだりせず、この事案の買主さんのように、わからないことはわかるように、しっかり説明してもらうことを求める勇気を持ってください。

収益に見合った「物件選択」のしくみ

❶ 一棟ものマンション・アパートの特徴
❷ 区分所有マンションの特徴
❸ 戸建物件の特徴
❹ 事業用物件の特徴
❺ 新築物件の特徴
❻ 不動産の価格判断の方法
❼ 収益性を判断する表面利回りと実質利回り
❽ 表面利回りの判断方法
❾ 同一エリアの競合状況を調査する
❿ 投資対象は近場がいいか、遠方でもいいか
⓫ 投資物件の現在の運営状況を調べる

1 一棟ものマンション・アパートの特徴

投資対象としての一棟ものマンション・アパートのメリット・デメリットには、以下のものがあります。

［メリット］

・**利回りが高い**……一棟ものマンション・アパートは規模の大きさ等から収益効率がよく、運営コストの割合も低くなるため、利回りが高くなる傾向にあります。

・**空室リスクをコントロールしやすい**……ひとつや2つ空室が発生しても、他の部屋からの賃料収入があるため、空室リスクをコントロールしやすいのです。

・**運営の自由度が高い**……単独所有であるため、物件の運営の自由度が高くなります。利用目的なども法令に反しない限り、需要に応じて自由に変更できますし（たとえば事務所や店舗としての利用を可能にするなど）、建物の修繕計画やその実施なども自分一人で決定できます。

［デメリット］

・**価格が高い**……当たり前ですが、一棟ものマンション・アパートは区分所有マンションや戸建に比べて価格がかなり高くなります。そのため投資をする人の現状の資産規模に比して投資額が大きくなりすぎる傾向にあります。

・**リスクが大きい**……価格が高いため、リスクは必然的に大きくなります。金融機関からの融資を利用して購入する場合にはなおさらです。投資対象が集中する分、災害発生時などにはリスクにもレバレッジがかかることになります。一度のリスク発生で経済的に破綻することもありうることを絶対に知っておくべきです。

・**管理が大変**……建物の規模が大きく、入居者が増える分、管理は確実に大変になります。管理会社に管理を委託することによって負担はかなり軽くなりますが、様々な意思決定まで丸投げできるわけではありません。気苦労が絶えないことは覚悟しておく必要があります。

空室リスクについて

一棟ものマンション・アパートの場合

10室あれば、たとえ3室が同時に空室になることがあっても、7室分は賃料が入るので借入金の返済を安定的に続けることができる。

区分所有マンションや戸建の場合

空室になれば賃料がゼロになってしまうので、借入金の返済が困難になる可能性がある。

その他の一棟ものマンション・アパートのメリット・デメリット

一棟ものマンション・アパートの 事故 リスクのレバレッジ

たとえば203号室で自殺や殺人事件が起こった場合、収益性に影響が出るのは203号室だけではない。少なくても近接する他の部屋、下手をすれば、すべての部屋の収益性にも影響が出る(迷惑入居者がいる場合なども同じことがいえる)。

区分所有マンションの特徴

投資対象としての区分所有マンションのメリット・デメリットとしては、以下のようなものがあります。

［メリット］

・**価格が安い**……一棟ものマンション・アパートに比べれば価格はかなり安くなります。築年数の古いワンルームマンションなら、300万円程度で購入できる物件も数多く存在します。

・**リスクが小さい**……価格が安いため、その分、リスクは当然、小さくなります。また、一棟ものに比べれば買い増しすることも容易であり、地域や間取りタイプの違うマンションを複数戸、購入することによって、リスク分散を図ることもできます。

・**管理がラク**……区分所有マンションの場合、建物全体の管理・運営は、原則として管理組合が業務を委託した管理会社が行なうことになるので、管理に関する手間はほとんどかかりません。

・**売却しやすい**……価格が安く、購入者にとって購入の決断がしやすいため、売却に必要な時間はかなり短くなります。

［デメリット］

・**利回りが低い**……一棟ものマンション・アパートに比べれば利回りは低くなります。区分所有マンションの場合、毎月、管理費や修繕積立金を負担する必要があるためです。ただし、修繕積立金の負担については、その分、大規模修繕を実際に行なう際には費用負担がなかったり、あっても小さくなったりするわけですから、修繕費を自分でプールする必要がなくなり、運営上むしろ都合がよいと考えることもできます。

・**運営の自由度が低い**……区分所有マンションの場合、その使用方法等について管理規約でルールが定められているので、運営に関する自由度は低くなります。たとえば、ペットの室内飼育や事務所としての使用などが管理規約で禁止されていれば、所有者が個人レベルで勝手に許可することはできません。

区分所有マンションのリスク分散

地域による分散

どこか1ヵ所で災害等が起こり、その地域のマンションが収益を生まなくなっても、残り2ヵ所のマンションは収益を生み続けてくれる。

間取りタイプによる分散

一部の間取りタイプについて需要が減少しても、他の間取りタイプの部屋については影響がない。

利用用途による分散

一部の利用用途について需要が減少しても、他の利用用途の部屋については影響がない。

3 戸建物件の特徴

投資対象としての戸建のメリット・デメリットとしては、以下のようなものがあります。

［メリット］

・**価格が安い**……一棟ものマンション・アパートに比べれば価格はかなり安くなります。築年数が古い小さな戸建であれば、400万～500万円程度で購入できる物件も数多くあります。

・**売却しやすい**……価格が安いため、売却はしやすいといえます。売却時に入居者がいない場合には、その時点での需要に応じて、自己居住用物件として売却できる点も強みといえます。

・**運営の自由度が高い**……区分所有マンションと違って、法令に反しない限り、どのような利用目的でも賃貸できます。たとえば、古い町家を店舗賃貸物件としての需要を見込んで投資対象とするようなことはよくあります。

・**利回りが高い**……古い戸建の場合、建物の減価償却が進んでおり、ほぼ土地価格で購入できるため、利回りが高くなりやすいといえます。土地が狭く、購入価格が非常に安い場合、利回りが20％程度になることもあります。

［デメリット］

・**管理に手間がかかる**……築年数が古い戸建の場合、故障個所が発生しやすく、管理に手間がかかります。とくに空き家になっていた期間が長い物件はその傾向が強いので、よほど価格が安いなどといった事情がない限り、購入は避けたほうが無難でしょう。

・**運用期間が短くなることがある**……築年数が古い戸建だと、建物の状況によっては運用できる期間が短くなることがあります。購入価格がほぼ土地価格であれば、それほど損失が大きくなることはないでしょうが、トータルで赤字になることもありえます。

・**売却が困難**……戸建の中でも「二戸一」「三戸一」等の連棟物件は価格がさらに安くなる分、保有期間中の利回りは高くなりますが、売却が困難になることがあります。

価値観別の投資対象の優先順位

多少のリスクをとっても、資産を大きく増やせる可能性のある投資をしたい

一棟もの
マンション・アパート

戸建

3 区分所有
マンション

なるべくリスクを抑えて、小さく不動産投資を始めたい

区分所有
マンション

戸建

3 一棟もの
マンション・アパート

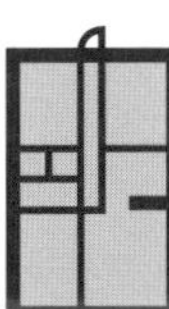

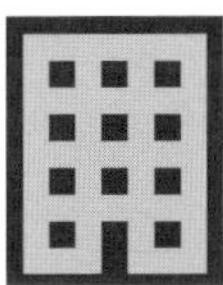

※管理の手間を小さくしたい場合もこの順位になる

ある程度の利回りはほしいが、あまり高いリスクはとりたくない

戸建

区分所有
マンション

一棟もの
マンション・アパート

POINT

投資対象としての物件の種別間に優劣はありません。
大切なのは、自分の価値観等に合った物件の種別を選択することです。

4 事業用物件の特徴

不動産投資の対象としては、マンションや戸建等の居住用物件の他に、店舗や事務所等の事業用物件があります。ここでは、居住用物件と比較した事業用物件のメリットとデメリットを説明しておきましょう。

[メリット]

・**利回りが高い**……事業用物件は居住用物件に比べて賃料水準が高く、利回りが高くなる傾向にあります。とくに大都市圏の都心部では、その傾向が強くなります。

[デメリット]

・**空室リスクが高い**……事業用物件の場合、ビジネス的に採算が合わなければ、借りてすぐに退去するということもあるなど、空室リスクは高くなります。とくに店舗の場合、3ヵ月から半年程度で退去するというようなことも珍しくはありません。

また、いったん空室になると、次の借主が決まるまでの期間が長くなる傾向にあります。景気が悪いときにはなおさら、空室期間が長くなりがちです。

・**賃料の振れ幅が大きい**……事業用物件は居住用物件に比べて景気の良し悪しによる需要の振れ幅が大きく、それに連動して賃料の振れ幅も大きくなります。そのため、景気が悪いときに退去があると、次の借主の募集時には賃料を大幅に下げなければならないこともあります。

・**管理の手間がかかる**……事業用物件の場合、居住用物件に比べて利用のされ方もハードになるため故障個所が発生しやすく、また不特定多数の人が出入りすることから、どうしてもいろいろなトラブルが起こりがちです。そのため、管理の手間は必然的に多くなります。

・**融資が利用しにくい**……事業用物件は賃料の振れ幅が大きく、収益についての予測がしにくいため、金融機関から融資対象として敬遠される傾向にあります。まったく融資が受けられないわけではありませんが、かなり自己資金を持っていないと購入は難しいと思います。

居住用物件と事業用物件の違い

居住用物件

- 景気が悪くなっても住む場所だけは絶対に必要なため、賃貸需要が衰えない

→ 賃料が下がりにくい

- 景気がよくなっても住む場所に対する賃貸需要が急激に増加することはない

→ 賃料が上がりにくい

事業用物件

- 景気が悪くなるとビジネスの採算を合わせることが難しくなり、撤退する店舗、事務所が増加する
- さらに景気の悪化の影響で新しく店舗、事務所を借りようとする人が極端に減少する

→ 賃料が下がりやすい

新規の借主を獲得するために賃料を大幅に下げざるをえなくなる

- 景気がよくなると好景気の影響で新しく店舗、事務所を借りようとする人が増加する

→ 賃料が上がりやすい

いずれ、賃貸需要＞賃貸供給という状況に達し、賃料を上げても容易に借主がつく状態になる

POINT

事業用物件への投資は、不動産投資の中ではハイリスク・ハイリターンです。ある程度、不動産投資の経験を積んでから取り組むことをおすすめします。

5 新築物件の特徴

ここまで基本的に中古物件の不動産投資を念頭に話を進めてきましたが、ここで新築物件について触れておきましょう。新築物件のメリットとデメリットとしては次のようなものがあります。

［メリット］

・**長期運用が可能**……新築物件は建物の耐用年数がまるまる残っているので、長期運用が可能です。

・**融資が利用しやすい**……金融機関は新築物件に対しては積極的に融資をしてくれる傾向にあります。新築当初は故障等のトラブルが少なく、安定的に収益を生み出せると考えているためでしょう。

区分所有マンションであれば販売会社、一棟ものマンション・アパートであれば建築会社が金融機関と太いパイプを持っていることも融資が利用しやすい一因です。

・**管理の手間がかからない**……物件内での故障もほとんどなく、入居期間も長くなる傾向にあるので、管理の手間はほとんどかかりません。

・**節税効果がある**……新築物件の場合、建物減価償却費が大きくなるため、節税効果があります（建物減価償却費は、実際に支出がある費用ではない）。不動産所得で赤字が出た場合には、給与所得と損益通算ができるため、すでに納めていた税金の還付を受けられる可能性もあります。

［デメリット］

・**価格が高い**……新築物件の場合、価格は当然、高くなります。

・**利回りが低い**……購入価格がいくら高くても、賃料は中古物件に比べてそれほど高く設定できないので、利回りは非常に低くなります。

新築区分所有マンションの場合、実質利回りが2％程度になってしまうことも決して珍しくありません。

・**収益ゼロからスタート**……新築物件では当初は入居者がいないので、収益ゼロからスタートすることになります。当初想定家賃で借主がつく保証もないので、収益性については予測がつきにくいといえます。

「建物減価償却費」による節税効果

賃料収入 120万円

経費総額 130万円

建物減価償却費 50万円

- 帳簿上は120万円－130万円＝－10万円で10万円の赤字となるが、建物減価償却費はその時点で実際に支出があるわけではないので、
  120万円－(130万円－50万円)＝40万円のお金が手元に残ることになる
- さらに不動産所得の赤字は給与所得と損益通算することができるので、給与から源泉徴収されていた所得税の一部が還付されることになる

POINT

この話は、あくまで節税という面から見た場合の損得の話です。全体として本当に得になる不動産投資となっているのかを判定するためには、正確な収益シミュレーションを行なってみる必要があります。

6 不動産の価格判断の方法

不動産価格を判断するための方法としては、以下のようなものがあります。

◆取引事例から判断する方法

同じような地域にある同じような用途、グレード、築年数の不動産と比較して価格を判断する方法です。

不動産を購入しようとする人は、少なからず、周辺不動産の価格相場をチェックしていることと思います。そういう意味では、ほとんどの不動産購入者が実践している価格判断の方法といえます。

この方法では、なるべく多くの取引事例を集めて比較検討することで精度を高めますが、収益物件の場合、自己居住用物件ほど似たような条件の取引事例が見つけられるわけではありません。

そのため、ある程度柔軟に、その範囲を考える必要があります。

◆原価から判断する方法

その不動産をゼロからつくるとすれば、いくらかかるのかを計算し、そこから建物の減価償却分を差し引いて価格を判断する方法です。建物部分の価格は次ページのような式で計算できます。建物の㎡単価は表①を、耐用年数は表②を参考にしてください。

土地部分の価格は、単純に土地面積に㎡単価を掛ければ求めることができます。価値の目減りはないので減価償却分を差し引く必要はありません。

◆収益性から判断する方法

収益性から価格を判断する方法は、収益物件の購入を検討する際には、もっとも重視すべきだといえます。

収益性から判断する方法には**直接還元法**と**DCF法(ディスカウンテッド・キャッシュ・フロー法)**がありますが、左ページではより有用性の高いDCF法の計算式について紹介しておきます。

DCF法は、保有期間中に受け取る収益をすべて現在価値に割り引いて合算し、価格を求める方法です。貨幣価値は今年より来年、来年よりは再来年という具合に徐々に減っていくため、割り引く必要があるわけです。

不動産の価格判断の方法

建物価格の計算式

価格＝建物面積×㎡単価×(建物耐用年数－築年数)／建物耐用年数

表❶ 構造別㎡単価(2019年建築着工統計調査より)

- 木造……… 17万円
- 鉄骨造…… 22万9000円
- 鉄筋コンクリート造………… 28万6000円
- 鉄骨鉄筋コンクリート造…… 36万円3000円

表❷ 耐用年数表

構造	事務所	住宅･店舗
木造	24年	22年
鉄骨造	骨格材の肉厚が 4㎜を超えるもの → 38年 3㎜を超え4㎜以下のもの → 30年 3㎜以下のもの → 22年	骨格材の肉厚が 4㎜を超えるもの → 34年 3㎜を超え、4㎜以下のもの → 27年 3㎜以下のもの → 19年
鉄筋コンクリート造･ 鉄骨鉄筋コンクリート造	50年	住宅用47年 店舗は用途等によって異なる

※税務上の耐用年数を示す表……実際には多くの建物が、これより長い期間、利用することができる(経済的耐用年数)

不動産の収益性から判断する「DCF法」の計算式

$$\text{収益価格} = \frac{a}{1+r} + \frac{a}{(1+r)^2} + \frac{a}{(1+r)^3} \cdots\cdots + \frac{a}{(1+r)^n} + \frac{v_n}{(1+r)^n}$$

a=初年度純収益　r=割引率　n=不動産の保有期間　v_n=不動産の最終売却価格

土地価格に関する注意点

次のような土地は、通常の土地に比べて相当程度、価格が安くなる。

- 不整形地
- がけ地
- のり面(人工的な斜面)を含む土地
- 間口が狭い土地
- 奥行きが非常に長い土地 など

こういった土地の価格を判断するのは簡単ではないので、通常の土地に比べてどれくらい価格が下がることになるのか、不動産屋さんに意見を求めよう。

収益性を判断する表面利回りと実質利回り

◆正確に利回りを知るには

表面利回りとは、不動産の収益性の判断基準のひとつで、次の式で計算することができます。

年間賃料÷物件価格×100％

要するに物件価格に対して、得られる年間賃料の割合のことですね。たとえば物件価格が1000万円で、得られた賃料が110万円であれば、表面利回りは、110万円÷1000万円×100％＝11％です。

これに対して**実質利回り**とは、より正確にその不動産の収益性を把握するために用いられる判断基準で、次のような式で計算することができます。

（年間賃料－年間必要経費）÷物件価格×100％

たとえば前記の例で必要経費を40万円と設定すれば、実質利回りは（110万円－40万円）÷1000万円×100％＝7％となります。必要経費を考慮した分、利回りがグッと下がってしまいましたね。

表面利回りだけを見て投資判断を行なうようでは、儲からないどころか、最初から損をすることが決まっているような投資をすることにもなりかねません。

ちなみに一棟ものマンションやアパートで、現在、空室が多い場合には、現在の表面利回りを示さずに（あるいは現在の表面利回りとともに）、**満室時想定利回り**というものが示されていることがあります。

この数字は、「こういう賃料で、満室になってくれたとしたら」という希望観測的な数字にすぎません。現実的な数字かどうかについては、シビアに検討する必要があります。

◆実質利回りを把握するために必要なこと

実質利回りを正確に把握するためには、その前提として、必要経費の計算ができるようになる必要があります。

必要経費については、物件の種別や築年数などに応じて、ざっくりと20～50％の範囲で設定してしまうこともできますが、なるべく購入を検討している物件の実情に即して計算できるようになっておくべきです。

不動産の収益性の判断基準の重要度

実質利回り

(年間賃料－年間必要経費)÷物件価格×100%

表面利回り

年間賃料÷物件価格×100%

満室時想定利回り

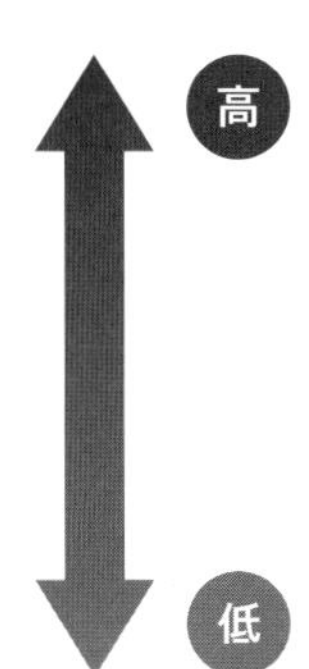

ただし、表面利回りと満室時想定利回りは、社宅の入居者が一斉退去するような特殊事情がある場合には、順番が逆転することがある。

POINT

利回りが低い＝ダメ物件ではない!

実質利回りといえども、投資判断基準のひとつにすぎないことに注意してください。

たとえば、実質利回りがゼロであっても、大きな売却益が見込めるのであれば、積極的に投資してもよいということです。

8 表面利回りの判断方法

不動産の購入を検討するにあたっては、多くの人が物件資料等に掲載されている、**表面利回りおよびそこから計算される実質利回り**を判断材料とします。しかし、掲載されている表面利回りが、常にその不動産の収益性を正確に反映しているものとは限りません。

たとえば、現在の入居者が新築時からの入居者だったりする場合には、退去後、入居者を募集する際には、相当程度、賃料を下げなければならなくなるからです。

そこでここでは、より正確に不動産の表面利回りを把握するために、ぜひともやっていただきたいことをご紹介したいと思います。

◆賃貸業者の意見を聞く

まずやるべきことは、ズバリ、その不動産の最寄り駅にお店を構える賃貸業者の営業マンに、賃料相場等について意見を求めることです。彼らほど、賃料相場を正確に把握している人は他にいないからです。

ある程度、力のある営業マンであれば、賃料相場だけでなく、現在の入居者が退去した際の空室期間も予測がついたりします。ぜひ、賃貸業者の営業マンと親しくなって意見をもらえるようになってください。

賃貸業者の営業マンに意見を求める方法は非常にシンプルです。物件資料を持ってお店に行き、「この部屋の入居者を今、募集するとしたら、賃料はいくらくらいとれますか?」と質問すればＯＫです。

◆表面利回りが高くなってしまっているケース

表面利回りが本来の収益性より高くなってしまっているケースとしては、次のようなことが考えられます。

①現在の入居者が新築時からの入居者である

②現在の入居者の入居期間が非常に長い

③フリーレント期間を導入したり、敷金・礼金をゼロにしたりする代わりに、毎月の賃料設定が高くなっている

④表面利回りの計算方法が間違っている

魅力のない不動産をつかまされないためにも、こういったことを認識した上で購入判断を行なうようにしてください。

表面利回りを高くしているフリーレントとは？

- 入居当初、1ヵ月〜数ヵ月間の賃料を無料とすること
- 新規入居者の募集を容易にするために用いられることが多い
- 現在の手持ち資金が乏しい入居希望者としては、非常にありがたい条件であるため、賃料を高めに設定することができる

通常の賃貸の賃料イメージ	7万円	7万円	7万円	7万円	7万円	7万円	7万円	7万円	7万円
フリーレント期間がある賃貸の賃料イメージ	0万円	0万円	8万円	8万円	8万円	8万円	8万円	8万円	8万円

POINT

この場合、8万円を基準に計算された表面利回りを鵜呑みにしてしまうと、その不動産の本来の収益性を見誤ることになります。敷金・礼金をゼロにしている場合も、賃料の設定は高めになりますから、注意が必要です。

9 同一エリアの競合状況を調査する

購入を検討しているのが築浅（ちくあさ）物件である場合、新築物件の建築状況も確認しておくほうがいいでしょう。新築浅物件は、新築物件が増えた場合、新規入居者の募集に際して賃料を大きく引き下げざるをえなくなり、一気に利回りが下がってしまうこともあります。

◆競合調査のやり方

一次的には、SUUMOやHOME'Sなどのポータルサイトで、購入を検討している不動産と同一エリア内にある物件の募集状況を確認してください。エリアと間取りを指定すると、競合物件の募集状況がわかります。複数の空室がある場合、通常、部屋ごとに募集条件が掲載されているので、空室状況なども大体把握することができます。

さらに購入を検討している不動産の最寄り駅にお店を構える、賃貸業者の営業マンにも競合状況について意見を求めるようにしてください。彼らがもし、「今、単身者向けの物件は厳しいですよ」と言うようなら、購入判断はより慎重に行なうべきです。

◆どのように調査すればいいか

利回りは、同一エリア内にある賃貸物件との競合状況によって変化していくものです。そのため不動産購入の是非を判断するに際しては、同一エリアの競合状況の調査を欠かすことができません。

具体的には、同一エリア内で同一ターゲットを狙っている賃貸物件の状況を調査します。たとえば、購入を検討している物件が単身者向けの1Kならば、「同一エリア内に1K物件がどの程度あるのか、賃料はいくらくらいに設定されているのか、入居率はどの程度なのか（これは、わかればでOK）」といったことを調査するわけです。

さらに、余裕があればワンルームや1DK、1LDKの物件状況についても確認しておくといいでしょう。ワンルームや1DK、1LDKの物件も、単身者がターゲットであるという意味では、競合物件といえるからです。

◆新築物件についてもチェック

エリアの競合状況の変化による1K物件の賃料の変化

1DK、1LDKの賃料が下がる ▶

1Kの賃料が下がる

賃料に差がなければ、誰もが1DK、1LDKを選ぶことになるため

1DK、1LDKの賃料が上がる ▶

1Kの賃料が上がる

1DK、1LDKの賃料が上がったことによって、1Kに対する需要が増すため

新築物件が建つ ▶

築浅物件の賃料が下がる

賃料に差がなければ、誰もが新築物件を選ぶことになるため（駅からの近さなど他の条件の違いは考慮していない）

POINT

下方（1Kから見た場合のワンルーム）からの影響ももちろんありますが、通常は上方（1Kから見た場合の1DK、1LDK）からの影響がより大きくなります。

10 投資対象は近場がいいか、遠方でもいいか

不動産投資では、自分が住んでいる地域周辺にある不動産だけを投資対象とするのか、それとも遠方の不動産まで投資対象とするのか、という問題があります。

◆近場の不動産に投資する場合

［メリット］

・**不動産の所在する地域の特性などがわかるため投資判断がしやすい**……自分が住んでいる地域の近辺だと、賃貸物件についても人気の高そうなエリアだとか、あまり人気のなさそうなエリアだとかいったことが直感的にわかりますよね。そういった感覚が投資判断をする上で有利に働くということです。

・**物件の管理対応がしやすい**……物件の管理を自分でする場合の話です。物件管理を不動産屋さんに任せるにしても、管理が適正になされているかをチェックする必要性はあるので、管理という側面から考えれば近いに越したことはありません。

・**入居者募集に積極的に関与しやすい**……空室が出た際に、入居者募集に強そうな不動産屋さんにお願いするなど、積極的な関与がしやすくなります。

［デメリット］

・**物件の選択肢が限定される**

◆遠方の不動産に投資する場合

［メリット］

・**物件の選択肢が増える**……遠方の不動産も投資対象とするのであれば、選択肢は無限と言っていいくらいに広がります。そのため利回りを重視する投資家は、遠方の不動産についても積極的に購入を検討します。

［デメリット］

・**地域特性が把握しにくく、投資判断が難しい**

・**物件の管理対応がしにくい**

・**入居者募集への関与のしかたが限られる**

以上のようなメリット・デメリットをそれぞれ確認すると、近場の不動産投資に比べて、遠方の不動産投資はハイリスク・ハイリターンなものになることが、おわかりいただけるかと思います。

投資対象は近場がいい？ 遠方でもいい？

購入判断・管理・入居者募集への関与のしやすさを重視すれば、
近場の不動産＞遠方の不動産

利回りを重視すれば、
遠方の不動産＞近場の不動産

近場の不動産への投資 ➡ ローリスク・ローリターン
遠方の不動産への投資 ➡ ハイリスク・ハイリターン
になりやすい

遠方にある地方の不動産を購入する場合には、その不動産に対する将来的な需要の変化も事前にしっかりと検討する必要があります。
利回りが高いということは、原則的には現時点でも、すでにその不動産に対する需要はかなり低いということです(売買物件としての需要が低いからこそ価格が下がり、利回りが高くなっているわけです)。
売却したくても売却できない(買い手がいない)ような状態になることが予想される不動産をつかんでしまうことがないよう注意が必要です。

投資物件の現在の運営状況を調べる

投資判断をするに際しては、不動産の現在の運営状況について確認しておく必要があります。大きな失敗を防ぐためにも、必ず以下のような点について確認するようにしてください。

◆入居者のバランス

入居者が特定の企業に勤務する人や特定の大学の学生に偏っていないか確認します。そういった状況がある場合、その企業や大学の移転話が持ち上がっていないかを確認する必要があります。とくに地方の場合、企業や大学が移転してしまうと、新規の入居者の募集が極めて困難になるので慎重に調査してください。

また、現在の入居者の平均入居期間が長い場合にも注意が必要です。入居期間が長い入居者が立て続けに退去すると、賃料水準が急に下がる上に、原状回復費がかさみ、収益性が悪化することが考えられるからです。

◆家賃滞納者の有無

家賃滞納者の有無および家賃滞納者への対応状況等を確認します。毎月の家賃支払いが少し遅れるくらいなら、それほど問題ないでしょうが、複数月の家賃滞納がある場合、その回収は容易なことではありません。

物件購入後に自分で対応するとなれば、大きな費用と手間がかかることを肝に銘じてください。

◆実際の入居率

一棟ものマンションやアパートの場合、実際の入居率についても、なるべく現地に出向いて確認したほうがいいでしょう。**レントロール**（入居者ごとの賃貸借条件等を一覧にした表）を見れば、一応、入居率はわかりますが、私の過去の経験からいっても、契約後、決済時までに好条件の入居者について急な退去の報告を受けるなど、不自然に感じるケースがあります。

売主側にも、表面利回りを少しでもよく見せたいという気持ちがあることは間違いありません。実際の入居の有無の確認方法は、バルコニー側からチェックすることです。本当に入居者がいるのかどうか、大体わかります。

投資物件の現在の運営状況チェック

入居者のバランス

ケース1 入居者が特定の大学の学生に偏っている

A大学 学生	A大学 学生	A大学 学生	A大学 学生	B株式会社 勤務	A大学 学生	C専門学校 学生

ケース2 平均入居期間が長い

入居期間 11年	入居期間 11年	入居期間 1年	入居期間 9年	入居期間 11年	入居期間 11年	入居期間 5年

こういった状況にある物件は注意が必要。入居者属性、入居期間ともに、なるべくばらけているほうが収益的には安定しやすい。

家賃滞納者がいる場合の対応

原則 売主の責任において家賃滞納者を退去させてもらってから、取引に入るほうがよい。日本の法律では入居者の居住権が強く保護されており、退去を実現することは簡単ではないため。

例外 多少ストレスを受けることを覚悟できるのなら、大幅な値引き交渉の材料と捉えることもできる。ただし、結果的に弁護士に動いてもらうことになっても損にならないくらいの値引きが受けられることが条件になる。

COLUMN 3

コロナショックはどう影響する？

長期の自粛生活を強いられるなど、国民生活に大きな影響を与えている新型コロナウイルスの感染拡大問題ですが、不動産取引市場には、どのような影響を与えることになるでしょうか？　ここでは経済のメカニズム上、当然、発生するであろうことが予測される影響について考えてみたいと思います。

・不動産価格の下落

まず、最初に予想されるのが全般的な不動産価格の下落です。様々な事業において長期の営業自粛を強いられたことから、景気の悪化は避けることができない情勢です。新型コロナウイルスの収束が遅れれば、2020 年度の GDP は最悪、10%程度も減少する可能性があるという見方もあるくらいです。

景気が悪化すれば、あらゆる商品・サービスの価格が下落することになります。当然、不動産価格だけが例外であるはずもなく、大きく下落することになるものと予測されます。

・事業用物件価格の大幅な下落

中でも、下落幅が大きくなりそうなのが事業用物件の価格です。「営業自粛を強いられたことにより多くの事業者が廃業→空き店舗・空き事務所が増加→新規借主の募集競争のため賃料相場が大幅に下落→事業用物件の利回りの悪化による売買価格の大幅下落」という構図ですね。

さらに、コロナショックをきっかけに、リモートワークを積極的に活用しようという動きが今後、事業用物件に対する賃貸需要の減少傾向に拍車をかけるものと予想されます。こういった事情から、事業用物件の価格は、これまでの価格相場とはまったく違った水準まで一気に下落することも考えられます。

・不動産取引の鈍化

また、不動産取引が鈍化することも予想されます。まだまだ不動産価格が下がるかもしれない景気動向下では、購入の決断をすることが非常に難しくなるためです。とくに一般の方の不動産取引は、ある程度の時期までは大きく鈍化することになるでしょう。

4章 無理のない借入と返済を目指す「融資」のしくみ

1 融資について知っておきたいこと

◆金融機関の融資の現状

不動産投資における融資利用の現状は、非常に厳しいものとなっています。かつては購入代金全額を融資に頼るなどということが可能な時代もありましたが、今となっては夢のまた夢のような話です。利回りがそれなりに高く、借入期間を法定耐用年数内に抑えることができるような物件でも、せいぜい**物件価格の80%程度しか融資を受けられない**というのが実情です。

不動産投資の融資に非常に積極的だった某金融機関が破綻し、金融監督庁が融資に厳しい目を向けるようになったことが大きく影響しているのでしょう。

もちろん、そもそもの物件価格が数百万円程度と非常に安かったり、すでに保有している他の不動産を担保にできる場合などは、100%に近い融資を受けられる可能性がないわけではありません。

しかし、そういった特別な事情がない限りは、「物件価格の80%程度しか融資を受けられない」ということを前提に不動産投資を行なう可否を判断すべきということになります。

◆自己資金はどれくらい必要？

つまり、残りの20%については自己資金を準備する必要があるということです。また不動産を購入する際には、物件価格以外に購入諸費用も必要となります。最低限、「**物件価格の20%＋購入諸費用**」分の自己資金を持っている必要があるということです。

たとえば物件価格が5000万円で、購入諸費用が物件価格の7%程度だと仮定すれば、必要となる自己資金は5000万円×（20%＋7%）＝1350万円ということになります。

なお、ここまででお話しした自己資金の金額は、あくまで不動産を購入する際に必要となる金額の目安です。購入不動産の収益性が悪化するような事情、たとえば入居者退去による賃料収入の減少や設備の故障等による補修費の発生などに備えることを考えれば、さらに多くの自己資金が必要であることは言うまでもありません。

一般的に必要な自己資金額

不動産投資をする際の借入額は、概ね80%程度が上限

「物件価格×20%＋購入諸費用」分程度の自己資金が必要となる。金融機関の不動産に対する評価が厳しいものであれば、もっと多くの自己資金が必要となる。

自己資金の多い・少ないによる不動産投資のリスク・リターンの変化

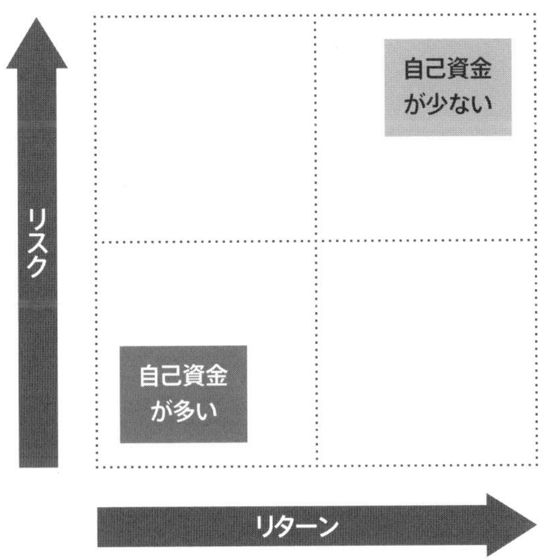

自己資金が多いとリスクは低いが、借入資金によるレバレッジ効果が小さくなるため、自己資金に対するリターンの割合は小さくなる。
自己資金が少ないとリスクは高いが、借入資金によるレバレッジ効果が大きくなるため、自己資金に対するリターンの割合は大きくなる。

2 融資を受けられるかどうかの判断要素

金融機関が融資の可否を判断する際に、考慮する要素としては以下のようなものがあります。

①年収……それぞれの金融機関ごとに年収についての最低基準が定められていて、その基準をクリアしていなければ、融資のための審査さえしてもらえません。

具体的に言うと、年収が300万円はないと、ほぼすべての金融機関で融資を受けることはできません。500万円以上あれば、過半の金融機関で融資を受けることができます。さらに800万円を超えれば、ほぼすべての金融機関で融資を受けることができます。

②属性……具体的には、こういった基準でチェックが行なわれます。

- **会社員なのか、自営業者なのか**
- **会社員である場合、勤務先は大手か、また業績は安定しているか**
- **自営業者である場合、医師や弁護士のような安定性のある、しっかりとした業種か**

要するに、収入の安定性が見られるということです。

③資産状況……預金はどれくらいあるのか、どんな不動産を所有しているのか、他にどの程度の借金があるのかといった資産状況がチェックされます。

融資対象となる不動産が何らかの事情で思ったほどの収益をあげることができなかった場合にも、問題なく返済を行なうことができるだけの資産状況にあるかどうかをチェックされるわけです。

④不動産の担保価値および収益性……融資対象となる不動産の担保価値および収益性が、融資額に見合ったものであるかどうかがチェックされます。

収益性については、不動産の収益シミュレーションの提出を求められますが、投資家としての予測力までチェックされるので、そのつもりで、しっかりとした収益シミュレーションを作成する必要があります。

⑤経験値……不動産投資に関する経験値がチェックされます。甘い気持ちで不動産投資を始める人が多いので、不動産投資の厳しい側面を実際の経験を通して知っている人を優遇するということだと思います。

一般的な融資判断の流れ

第一段階 年収および属性が基準をクリア

第二段階 不動産の担保価値および
収益性をチェック
この際、融資申込者の資産状況や
経験値を合わせてチェック

第一段階をクリアしないと第二段階に進めない。
つまり、どれほど担保価値と収益性の高い好物件を見つけたとしても、年収が低かったり、属性が悪かったりすると、融資を受けることはできないということ

POINT

上記からわかるのは、金融機関にとってより重要なのは、不動産投資がうまくいくかどうかということより、貸したお金をしっかりと返済してもらえるかどうかということ。
金融機関から融資を受けられるということは、金融のプロの目から見ても投資として問題ないと判断されたということだと言う人もいますが、必ずしもそういうことではありません。
投資としての良し悪しの判断は、必ず自分で行なうようにしてください。

3 金融機関の種類ごとの特徴

①**都市銀行**……都市銀行は基本的には年収が高く（目安としては800万円以上）、属性のよい人にしか融資を行ないません。ただし、年収が高く、属性がよい人にはもっともよい条件で融資してくれるので、該当する人は一番に利用を検討すべきです。

②**地方銀行**……地方銀行は各行ごとに不動産投資への融資の取り組み方に大きな差があります。年収が1000万円を超えるような人にしか融資を行なわないところがある一方で、年収が500万円以下の人にも積極的に融資をしてくれるところもあるので、自分の年収や属性に合った地方銀行を探す必要があります。返済期間は原則、法定耐用年数内で、金利は2％前後の水準となることが多いようです。

③**信用金庫**……年収が500万円以下の人や自営業者に対しても、積極的に融資を行なっている印象があります。

ただし、融資できるのは、信用金庫の本店や支店から半径数十キロ圏内に所在する物件という要件があります。

④**日本政策金融公庫**……年収や属性に関する審査基準は比較的緩くなっています。そのため年収が高くない人（目安としては300万円以上）や属性のよくない人でも融資を受けられる可能性が高いといえます。

ただし、

・**融資限度額が低い（国民生活事業としての借入であれば、上限は4800万円）**
・**物件価格の半分程度しか融資を受けられないことが多い**
・**返済期間が10年から15年程度と短い**

といったデメリットがあるので、その点を踏まえて融資の是非を検討すべきです。なお、金利の水準は2％程度で、固定金利しかありません。

⑤**ノンバンク**……属性に関係なく、もっとも融資を受けやすいのがノンバンクです。金利水準は4％から5％程度とかなり高くなっています。

［年収別］優先的に利用を検討したい金融機関

年収800万円以上

都市銀行 ← 金利が低いため、年収が高い人は最初に検討すべき

年収500万円以上800万円以下

地方銀行 ← 不動産投資への融資に対するスタンスにかなり差がある。地域によっては非常に融資に積極的な金融機関が見つかることも

信用金庫 ← 年収が低い人や自営業者にも融資をしてくれる。融資できる物件の地域的な制限がネック

年収500万円以下

信用金庫 ← 年収が低い人や自営業者にも融資をしてくれる。融資できる物件の地域的な制限がネック

日本政策金融公庫 ← 年収が低い人や自営業者にも融資をしてくれる。物件価格に対する融資割合の低さがネック

ノンバンク ← もっとも柔軟に融資をしてくれるが、金利が高い。他の金融機関が利用できない場合に利用を検討すべき

POINT

地方銀行と信用金庫は支店単位でも不動産投資に対する融資スタンスがまったく違うことがあります。
A支店では門前払いだったのに、B支店では希望どおりの金額の融資を受けられたという話もあるので、そういったことも踏まえて粘り強く融資をしてくれる金融機関探しをしてください。

不動産投資の融資申込手続きの流れ

①事前面談……まずは融資をしてもらえる可能性があるのかどうかを知るために、実際に銀行に出向き、担当者との面談を行ないます。面談時には、担当者から指定された提出書類を持参します。

一般的な提出書類としては以下のものがあります。

・**収入を証明する書類：源泉徴収票、確定申告書の控え、住民税課税証明書など**

・**不動産に関する書類：物件概要書、レントロール（当該物件についての賃料等、賃貸借条件の一覧表）、収益シミュレーション**

事前面談の際には身なりにもそれなりに気を配りましょう。人間性も合わせて見られると考えてください。

②本審査……事前面談の結果、融資の可能性がありそうだと判断されたら、実際の融資の可否を判断してもらうべく本審査を受けます。

本審査では通常、資産状況に関する証明書などの追加書類の提出を求められるので、速やかに準備し、申込書とともに提出するようにしてください。

本審査の結果が出るまでの期間は、金融機関によっても異なりますが、通常10日間から2週間程度です。ちなみに本審査の通過率は、これも金融機関によって異なりますが、大体、8割強程度（申込金額に対して減額しての融資を含む）となっています。

③金銭消費貸借契約……本審査を無事、通過したら、金融機関との間で金銭消費貸借契約を締結します。金利や借入期間等の契約条件をしっかりと確認した上で、署名捺印してください。

④融資の実行……決済日当日に、あらかじめ融資をしてくれる金融機関につくっておいた申込者名義の口座に振り込まれる形で融資が実行されます。

融資の実行には、通常、金銭消費貸借契約の締結日から1週間程度の期間を要します。

⑤返済開始……通常、融資実行日の翌月から、金融機関に対する返済が開始されます。返済方法は指定口座からの引き落としになるので、毎月、返済日の前日までに確実に入金しておく必要があります。

融資申込手続きの流れ

❶事前面談
事前に連絡を取った上で必要書類等を持参。
人間性もチェックされるので身なりにも気を配ること。

▼

❷本審査
申込書とともに追加書類を提出。
審査期間は10日間から2週間程度。

▼

❸金銭消費貸借契約
金利や借入期間等の契約条件をしっかりと確認すること。

▼

❹融資の実行
融資の実行には、金銭消費貸借契約の締結日から1週間程度の期間が必要。そのことを念頭に決済日を決める。

▼

❺返済開始
通常、融資実行日の翌月から返済を開始。
毎月、返済日の前日までに確実に入金しておくこと。

POINT

融資の申し込みをする人の自己PRは、金融機関の担当者が、その案件に前向きに取り組もうとしてくれるかどうかに、かなり大きく影響します。
あまり話が上手でない人は、その不利を補うべく、読むだけで担当者をその気にさせることができるような自己PRリーフレットをつくるべく努力してください。

自己PRリーフレットに記載すべき事項

- 簡単な経歴
- 不動産投資に対する考え方やスタンス
- 資産状況（預金額や他の保有不動産に関する情報など）
- 保有資格（宅建や建築士、FPなどの不動産投資に関する見識を証明する資格等）

5 融資が受けられないときに考えるべきこと

◆なぜ断られたのか？

不動産投資のための融資を受けることは、そんなに簡単ではありません。実際、多くの不動産投資を志した人たちが、融資を受けることができずに道半ばで不動産投資をあきらめています。しかし、いくつもの金融機関で融資を断られながら、最終的に融資を受けることに成功している人がいることも、また事実です。ですから簡単にあきらめてしまうのではなく、粘り強く融資をしてくれる金融機関を探し続けてください。

大事なのは、「なぜ、断られたのか？」、その理由を冷静に考えることです。ムダな労力を使わないためにも、断られた理由をしっかりと考えた上で、次の金融機関を探すようにしてください。

ちなみに、金融機関が定める年収等の形式的な融資要件をクリアし、本審査まで進んだのに、結果的に融資が否決された場合、金融機関の担当者ははっきりとした理由を教えてくれません。

どこの金融機関にも、融資を否決した理由を教えてはならないというルールがあるようです。しかしながら、担当者も人の子、しっかりと話を聞いていると、何となくヒントを示してくれることもよくあります。

◆融資を断られる主な理由

主な理由としては以下のようなものがあります。

- **年収や属性に関する基準をクリアしていない（自営業者、中小企業の経営者には、年収が高くても融資をしない方針の金融機関が多い）**
- **転職回数が多い、もしくは勤続年数が短い**
- **消費者金融などから借入がある（与信枠のあるカードを保有しているだけで、実際に借入をしていなくても否決されるケースがある）**
- **過去に借入の返済について延滞歴がある**
- **物件の収益性や担保価値が低いと判断された**
- **収益シミュレーションが雑であるなどの理由で、事業遂行能力に問題ありと判断された**

自力で解決できる理由については、しっかりと解消した上で金融機関の審査に臨むようにしてください。

ブラックリストについて

「金融機関に対する返済が遅れた」「債務整理をしたことがある」などの理由で、信用情報機関で事故情報が登録されてしまうことを、俗に「ブラックリストに載る」という。

ブラックリストに載ると……

ブラックリストに載った日から最低5年間(一部の信用情報機関では、滞納については最低1年間)は金融機関から融資を受けることができなくなるので、その期間が経過するのを待って融資の相談を行なう必要がある。
なお、信用情報機関に登録されている自分の信用情報を確認したい場合には、信用情報機関に対して情報開示を請求することができる。

信用情報機関のホームページ一覧

- CIC …… https://www.cic.co.jp/
- JICC(日本信用情報機構) …… https://www.jicc.co.jp/
- 全国銀行個人信用情報センター …… https://www.zenginkyo.or.jp/pcic/

※CICとJICCについてはインターネットで情報開示を請求することができる

6 融資がつきにくい人がとるべき戦略

年収が低い、自営業者であるなどの理由で金融機関から融資を受けることが難しい場合に、とるべき戦略としては次のようなものがあります。

・物件価格を引き下げる

最初に検討すべきなのが、購入する物件の価格を現在の自分の身の丈に合ったものに引き下げることです。不動産投資というと、とかく一棟ものマンションやアパートへの投資を志向する人が多いのですが、区分所有マンションや戸建への投資も立派な不動産投資です。

まずは、そういった小さなものから不動産投資を始めて、資産規模と経験値を徐々に積み上げていけば、やがて一棟ものマンションやアパートに投資できるだけの融資を受けることも可能になります。

・自己資金を増やす

これは、戦略でも何でもないように思うかもしれませんが、やはり有効な方法であることは間違いありません。

自己資金が多ければ、物件価格全体に対する融資金額の割合が下がり、それだけ金融機関の負うリスクが下がるからです。

また、不動産投資に対する計画性があるものと判断してもらいやすくもなります。

年収500万円以下の人であっても、しっかりと節約をしたり、休みの日にちょっとしたバイトをしたりすれば1年で100万円くらい貯めることはできるはずです。

◆融資を受けられる＝ゴールではない

年収や属性等の問題で融資がつきにくい人の中には、段々に融資を受けられること自体をゴールのように捉えてしてしまう人がいます。

しかし、言うまでもなく融資を受けられることは通過点にすぎません。その先にある不動産投資でしっかりと儲けることこそが本来のゴールなので、そのことを決して忘れないように注意してください。

融資がつきにくい人がとるべき戦略

①物件価格を引き下げる

●まずは安い区分所有マンションや中古戸建から始める

▼

●資産を増やすことができる
●不動産投資の経験値を積むことができる

▼

●大きな融資がつきやすくなり、より規模の大きい物件の購入へとステップアップすることができる

②自己資金を増やす

●節約等により自己資金を増やす

▼

●必要融資額が下がる

▼

●金融機関のリスクが下がるため、融資がつきやすくなる

自己資金を増やす

物件価格を引き下げる

高く見える融資の壁も、努力と工夫という階段を使えば乗り越えられる

借入期間は長いほうがいい？

借入期間については、可能な限り長いほうがいいという意見が比較的多いようですが、私は目的によって借入期間を調整すべきだと考えています。

不動産保有期間中にキャッシュフローを得ることを主な目的とするのなら、借入期間はなるべく長くすべきですし、資産の増加を主な目的とするのなら、不動産売却時点までに得られる総収益額を最大化するべく、借入期間をなるべく短くすべきだということです。

以下に具体例を挙げてみましょう。

［例］ 5000万円の不動産を自己資金1000万円、金融機関からの融資額4000万円で購入。1ヵ月の家賃収入は40万円、費用率は20%、借入金利は3%

以上の条件で借入期間が15年の場合と20年の場合、**①借入当初15年間のキャッシュフロー**について、左ページでシミュレーションしてみましょう。

借入期間が15年の場合、15年間で得られる総キャッシュフローは787万8240円になります。借入期間が20年の場合は、1766万8980円です。

両ケースの差額は、979万740円となります。

不動産投資をする主な目的が当初からキャッシュフローを得ることであるならば、借入期間をなるべく長くするべきことが確認できます。

次に、**②借入から15年で売却した場合の売却益**について、シミュレーションしましょう。売却価格を4000万円、不動産購入時の諸費用を購入価格の6%、売却時の諸費用を売却価格の4%として計算します。

借入期間が15年の場合、売却益は2540万円、借入期間が20年の場合は、1305万4247円です。両ケースの15年経過時点での売却益の差額は、1234万5753円となります。

①、②より両ケースの総収益は、借入期間が15年の場合、3327万8240円。借入期間が20年の場合、3072万3227円。両ケースの差額は、255万5013円となります。不動産投資をする主な目的が資産をより大きく増加させることであるなら、借入期間を短くするべきことがわかります。

借入期間15年と20年のシミュレーション

①借入当初15年間のキャッシュフロー

- 借入期間が15年の場合、毎月のキャッシュフローは、
  40万円×(1−0.2〈費用率〉)−毎月返済額27万6232円＝4万3768円
  15年間で得られる総キャッシュフローは、
  4万3768円×12ヵ月×15年＝787万8240円
- 借入期間が20年の場合、毎月のキャッシュフローは、
  40万円×(1−0.2〈費用率〉)−毎月返済額22万1839円＝9万8161円
  15年間で得られる総キャッシュフローは、
  9万8161円×12ヵ月×15年＝1766万8980円

両ケースの差額は、毎月のキャッシュフローで、
9万8161円−4万3768円＝5万4393円
15年間の総額で、1766万8980円−787万8240円＝979万740円

②借入から15年で売却した場合の売却益

(売却価格4000万円、不動産購入時の諸費用=購入価格の6%、売却時の諸費用=売却価格の4%として計算)

- 借入期間が15年の場合
  4000万円−1000万円(自己資金)−(5000万円×6%)−(4000万円×4%)＝2540万円
- 借入期間が20年の場合
  4000万円−1000万円(自己資金)−(5000万円×6%)−(4000万円×4%)−15年経過時点での借入残債1234万5753円＝1305万4247円

両ケースの差額は、借入期間が20年の場合の15年経過時点での借入残債1234万5753円になる

①、②より両ケースの総収益は以下のように計算される。

- 借入期間が15年の場合
  保有期間中のキャッシュフロー787万8240円＋売却益2540万円
  ＝3327万8240円
- 借入期間が20年の場合
  保有期間中のキャッシュフロー1766万8980円＋売却益1305万4247円
  ＝3072万3227円

したがって両ケースの差額は、
3327万8240円−3072万3227円＝255万5013円となる

8 その他融資に関する注意事項

◆融資に成功するためのマインドセット

融資に成功するためにもっとも重要なマインドセットは、金融機関の担当者側から見て、「どんな人物もしくは案件であれば、融資をしたいと思えるか？」を考え、そこになるべく近づく努力をすることです。

融資をするのは、金融機関側にとっても大きなリスクを負うことです。ですから、どうすればそのリスクを少しでも小さく感じてもらえるかを考え、実践していくことが重要になります。

具体的には、

- **少しでも自己資金を増やす**
- **この人物なら間違いないと思ってもらえるくらいに不動産投資についての見識を高める**
- **不動産投資にともなうリスクをしっかりと織り込んだ事業計画書および収益シミュレーションを作成する**

こういった努力を積み重ねていけば、融資を受けられる可能性はグッと高まっていくはずです。できる範囲の努力は惜しまずにやるようにしてください。

◆不正行為について

不動産会社の中には、あなたが融資審査を通過するために様々な不正行為を提案してくるようなところがあると思いますが、絶対にそういった提案に乗ってはいけません。

不正行為は非常に高い確率で金融機関にばれてしまいます。金融機関にばれると、非常に重大な結果を引き起こすことにもなりかねません。

融資全額の即時、一括返済を求められるだけならまだマシな話で、悪質であると判断されれば、詐欺罪で刑事訴追されることも十分にありえます。

たとえば、年収や自己資金が実際より多くあるかのように見せかけて金融機関から融資を受けたとしたら、詐欺罪に該当することは間違いありません。決して安易に不正行為を行なうことがないよう、十分注意してください。

不動産投資についての見識の高さを証明する方法

単に見識を高めるだけなら、本を読んだり、セミナーに参加したりすればいいが、見識の高さを金融機関の担当者に客観的に証明したいのなら、資格を取るほうがいい。

おすすめの資格

- 宅地建物取引士（不動産関連法務に関する見識の証明となる）
- ファイナンシャルプランナー（資産運用に関する見識の証明となる）
- 簿記（経理に関する見識の証明となる）

POINT

これらの資格は、不動産投資をするために必須というわけではありませんが、こうした資格を持っているかどうかで、金融機関の担当者の側からの見え方は確実に変わります。
これらの資格を保有していれば、たとえば、「不動産投資を行なうために何年も前から準備してきました」という発言にも真実味が感じられます。
実際に不動産投資を行なう上で役に立つだけでなく、融資を受ける上でも有利になるので、可能であればこうした資格の取得を目指してください。

COLUMN 4

返済が厳しくなったときの対処法

金融機関から融資を受け、不動産投資を始めることができたものの、様々なトラブルが発生し、返済を続けるのが厳しくなることも当然、ありえます。ここではそういった状況に陥った際の対処法について簡単に触れておきたいと思います。

・まずは金融機関の担当者に相談を

返済が厳しくなったときに、まず最初にやるべきことは、融資を受けている金融機関の担当者に、率直に相談してみることです。少し意外に思われるかもしれませんが、こういった相談に対して金融機関の担当者は驚くほど協力的です。おそらく自分が担当した融資案件でデフォルト（債務不履行）が起こると、責任を問われることになるためでしょう。

返済期間を延長するなどの具体的な解決策を提案してくれる可能性が高いので、躊躇せずに相談してみてください。返済が厳しくなった際には、なるべく早いタイミングで相談するということです。実際に返済が遅れ始めてからでは、金融機関の担当者もどうすることもできなくなってしまいますので、何とか返済を続けようとギリギリまで粘るようなことは決してしないでください。

・競売になる前に自分の意志で売却を

金融機関の担当者に相談してみたものの、様々な事情で具体的な解決策を提案してもらえないということもありえます。その場合には、残念ですが、ただちに不動産を売却することを検討すべきです。返済できない期間が長くなり、金融機関からの申立てにより不動産が競売されるようなことになると、経済的な損失がさらに拡大してしまうからです。

金融機関からの借入金の返済が困難になり、不動産を売却したいものの、売却金額だけでは残債を完済することが難しい場合に、金融機関等の同意を得て不動産を売却することを「任意売却」といいます。任意売却であれば、競売されてしまう場合に比べて、売却金額がそれほど大きくは下がらないため、かなり損失額を抑えることができます。

家主として知っておきたい「不動産運営」のしくみ

1. 管理会社を選ぶときの３つの基準
2. 管理会社に委託する３つの業務
3. 自分で管理する場合の重要ポイント①専任媒介契約
4. 自分で管理する場合の重要ポイント②家賃管理・クレーム対応
5. 賃貸営業マン（客付け業者）を動かす方法
6. 家賃を下げないための方法
7. 物件の収益性を上げるためのアイデア
8. 入居審査時の注意事項
9. 滞納を防ぐ家賃保証会社の利用のしかた
10. 押さえておきたい賃貸借契約書のポイント
11. 借地借家法の重要ポイント
12. 家賃滞納の対処法①自分で管理している場合
13. 家賃滞納の対処法②管理を委託している場合
14. 家賃滞納を解決する法的手段とは
15. 死亡事故があったときの対処法
16. 入居者が退去した後のリフォーム
17. リノベーションについて

1 管理会社を選ぶときの3つの基準

不動産投資では、資産保有中の運営のあり方が、収益性を大きく左右します。うまく運営すれば、それこそ実質利回りが1％単位で変わってくるということも十分あり得ます。

運営を成功させるためにも、慎重に行なわなければならないのが、重要なパートナーとなる管理会社選びです。

管理会社については、次の3つの基準をクリアする会社の中から選ぶようにしてください。

①物件のそばに店舗があるか……管理会社は必ず、物件のそばに店舗や事務所がある会社を選ぶべきです。物件のそばに店舗や事務所があるほうがトラブル発生時の対応が早くなるからです。

トラブル発生時に、そのトラブルを最小化し、さらに素早い対応で入居者の満足度を上げるためにも、必ず、物件のそばに店舗や事務所がある会社に管理を委託するようにしてください。

②修繕スタッフがいるか……建物に関する簡単な修繕程度なら、自力で対応してくれるような修繕スタッフがいる管理会社を選ぶようにしてください。修繕スタッフがいないと、わずかな修繕程度でもリフォーム業者等に対応を依頼しなければならなくなり、時間も費用も余分にかかる可能性が高いからです。

③管理物件数が多いか……委託する物件の周辺に、多くの管理物件を抱えている管理会社を選択してください。そういう管理会社に管理を委託するほうが、空室時に早く次の入居者が決まる可能性が高いからです。

入居希望者を案内してくれる賃貸の営業マンは、物件を探すときに、管理会社がつくっている空室一覧というものを請求するのですが、その地域で管理物件数が多い管理会社の空室一覧は、優先的に請求されることになります。そのため物件への案内が入りやすく、結果的に早く次の入居者が決まりやすいのです。

なお、物件周辺での管理物件数が多いか少ないかは、周辺物件で掲示されている管理看板を確認すれば、容易に把握することができます。

管理会社選びの3つの基準

①物件のそばに店舗があるか

- 入居者満足度がアップ → 収入増加要因
- トラブルを最小化できる → 支出減少要因

②修繕スタッフがいるか

- 入居者満足度がアップ → 収入増加要因
- 簡単な修繕なら自社対応 → 支出減少要因

③管理物件数が多いか

- 案内が入りやすいため空室期間が短期化 → 収入増加要因

上記3つの基準を満たすことができる管理会社が複数ある場合には、さらに、

- 営業マンの感じや対応のよさ
- 営業マンの知識の豊富さ
- 自社での直接的な入居者募集能力(客付け能力)

といった基準に基づいて絞り込む

POINT

管理会社の質で実質利回りが1％単位で変わるというのは決して大げさな話ではありません。
知り合いであるなどといった安易な理由で決めてしまわないように注意してください。

2 管理会社に委託する3つの業務

管理を委託する場合、管理会社との間で**管理委託契約**を締結することになります。

管理委託契約の内容については、国土交通省より**賃貸住宅標準管理委託契約書**が公開されているので、標準的な契約内容がどんなものなのかを知る意味でも、一読することをおすすめします。

管理委託契約を締結する際に問題となるのが、どこからどこまでの範囲の業務を管理会社に委託するのかという点です。管理会社に委託することができる業務としては、次の3つのものを挙げることができます。①**契約管理業務**……管理業務の根幹となる部分で、①賃料等の徴収業務、②運営・調整業務、③契約終了業務などからなります。

管理会社に管理を委託する場合、最低限、契約管理業務については委託することになります。

②**清掃業務**……管理対象となる物件が一棟ものマンションやアパートの場合に、敷地や共用部分の清掃を定期的に行なう業務です。

③**設備管理業務**……管理対象となる物件が一棟ものマンションやアパートの場合に、エレベーターや受水槽などの設備に故障がないよう、定期的に点検したりする業務です。

設備管理業務が必要となるのは、原則として管理対象が一棟ものマンションやアパートの場合だけです。

◆管理手数料を払っても損にはならない

個人的には、上記3つの業務の全部を一括して委託するのが、一番いいと考えています。

経費を節約するために、②や③の業務を別途、費用の安い業者を探して任せるということも考えられますが、そうなると各業者に個別に連絡をとらなければならなくなる上に、各業務間の調整などを自分がやることになり、大変、手間がかかるからです。

委託する業務の範囲が広くなれば管理手数料も上がることになりますが、それによって省ける手間を考えれば決して損にはならないと思いますので、なるべく全業務を一括して委託することをおすすめします。

管理委託契約の主な内容

管理を委託する業務の範囲	契約管理業務・清掃業務・設備管理業務のうち、どの業務について委託するのかを定めます。 なお、賃貸住宅標準管理委託契約書では別表を設け、各業務に含まれる具体的な業務や作業が記載されているので、委託する業務の範囲を決める上での参考とするために、ぜひ一読してください。
管理手数料に関する定め	契約管理業務・清掃業務・設備管理業務、それぞれについて定めます。 なお、管理手数料は、物件の種別や管理戸数に応じて、多くは3～8%程度で定められます。
敷金や賃料の引渡しに関する定め	管理会社が借主から徴収した敷金や賃料を、いつまでに、どのように貸主に引渡すのかといったことが定められます。 なお、賃貸住宅標準管理委託契約書では、貸主からの事前の承諾がある場合、賃料等から管理手数料を差し引いた残額を引渡すことを認める条項が設けられています。
管理委託契約の有効期間や更新に関する定め	賃貸住宅標準管理委託契約書では、有効期間を3年としています。 まずは様子を見たいという場合には、もう少し有効期間を短縮してもいいでしょう。 管理委託契約を更新する際、契約内容について別段の意思表示がなければ、従前と同内容で契約が更新されたものと見なされます。
契約の解除に関する定め	契約上の義務違反等があった場合に、契約を解除できることや、事前の解約の申し入れによって契約を終了させることができることなどが定められます。

●国土交通省の賃貸住宅標準管理委託契約書は下記のURLで確認できる
https://www.mlit.go.jp/common/001228954.pdf

POINT

清掃業務については自分でやるという人をたまに見かけますが、私はあまりおすすめしません。どれほどきれい好きの人であっても、しょせん素人の清掃には限界があるからです。入居率の低下などを招く原因にもなりかねないので、管理会社に委託しない場合でも、プロに任せることをおすすめします。

3 自分で管理する場合の重要ポイント①
専任媒介契約

物件の管理については原則として管理会社に委託することをおすすめしますが、少しでも経費を節約するために、自分で管理したいということもあるでしょう。

そこでここでは、自分で物件の管理をする場合の最重要ポイントをご紹介したいと思います。

◆入居者募集の窓口となる不動産屋さんを固定する

自分で物件を管理する場合であっても、直接、媒介をお願いする不動産屋さんは、必ず1社に固定するようにしてください。

これは入居者募集をひとつの不動産屋さんに限定するということではありません。媒介をお願いした不動産屋さんが窓口になって、その不動産屋さんから他の不動産屋さんに入居者の募集について協力をお願いしてもらうという形をとるわけです（こういった形の媒介契約のことを**専任媒介契約**といいます）。

◆複数の不動産屋さんに媒介をお願いすると……

複数の不動産屋さんに媒介をお願いすると、それぞれの不動産屋さんから直接、あなたのところに空室状況の確認や賃貸借条件の交渉の連絡が入ることになり、対応が非常に煩雑になります。

また、入居者募集の責任の所在についても、どうしても曖昧になってしまいます。たとえば、ずっと空室のままでも、どの不動産屋さんも自分の責任だとは思いませんし、万が一、家賃滞納をするような不良入居者を客付けしてしまったとしても、十分な対応をしてもらえない可能性があるのです。

そういったことを避けるためにも、媒介のお願いをする不動産屋さんは、必ず、1社に固定すべきです。

媒介をお願いする不動産屋さんを1社に固定すると、その不動産屋さんが、入居者からのクレームの対応や退去の立ち合いなどの管理業務の一部を無償で代行してくれることがあります（こうした対応について当初から約束を取り付けようとすると、「じゃあ、管理を委託してください」という話になってしまうので、成り行き上、しかたがなく無償代行しているといった状態に持っていくのがいいでしょう）。

自分で管理するときの最重要ポイント

媒介をお願いする不動産屋さんは1社に固定する

A社に媒介をお願いして、B～E社にはA社から入居者募集の協力依頼をしてもらう。こうすることによって、家主としてはA社からの連絡だけに対応すればいいし、何かトラブルがあった際にも、責任の所在が明確になりやすい。

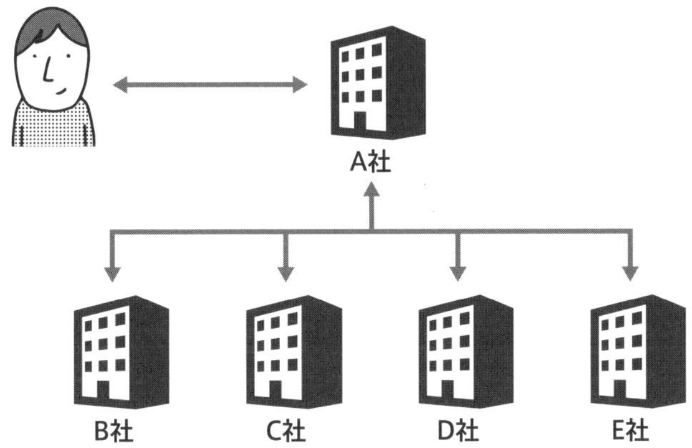

複数の不動産屋さんに媒介をお願いすると……

複数の不動産屋さんから個別に連絡が入ることになり、対応が煩雑になる。また、どの不動産屋さんも物件に対する責任を感じないので、対応等もいい加減になりやすい。

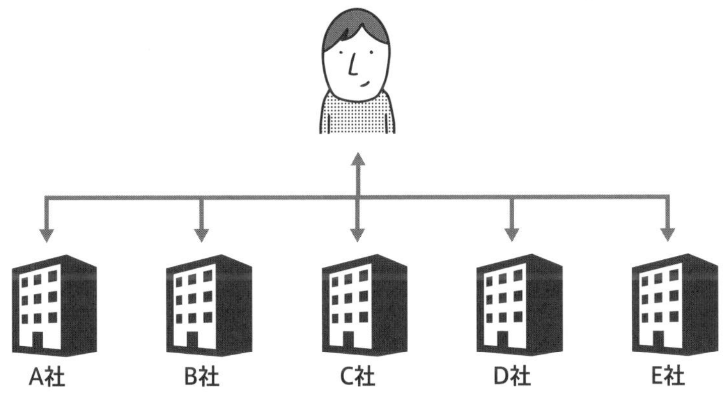

4 自分で管理する場合の重要ポイント②

家賃管理・クレーム対応

◆家賃管理を徹底する

不動産投資の主目的のひとつは家賃を得ることですから、家賃管理は徹底してやる必要があります。毎月、決まった期日までに家賃の支払いがきっちりと行なわれているかを必ず、確認するようにしてください。

家賃滞納者がいる場合には、なるべく迅速に督促するようにすべきです。「数日程度、遅れるくらいのことはしかたがない」などと甘く考えてはいけません。家賃を滞納するような人は、大目に見てもらえることがわかると、さらにルーズになっていくものです。「うるさい家主」と思われるくらいでちょうどいいと考えてください。

家賃の支払いが1ヵ月以上、遅れている入居者については退去勧告をしてもいいと思います。そういった入居者への対応は、長引かせれば長引かせるだけ損害が大きくなってしまう傾向にあります。

家賃保証会社（借主と保証委託契約を締結し、家賃滞納があった場合に家賃を代わりに支払ってくれる会社）を利用している場合には、最終的に家賃の保証は受けられるため、多少はゆとりを持って考えてもいいかもしれませんが、家賃を滞納するような入居者は、それ以外にも問題を起こす可能性が高いので、なるべく早く退去してもらったほうがよいと考えられます。

◆クレーム対応を素早くする

クレームは、対応が遅れれば遅れるほど問題が大きくなりますし、また対応に要する費用も大きくなってしまうので、なるべく素早く対応する必要があります。そのためにも、24時間、携帯電話を持ち歩いて、いつでも連絡がとれるようにしておくべきです。

また、クレームがあった場合に慌てることがないように、クレームの種類ごとに具体的な対応を依頼する業者の連絡先などを調べておくといいでしょう。

最低限、水道や電気、ガスのトラブルに対応してくれる業者の連絡先だけは、すぐにわかるようにしておいてください。

家賃管理・クレーム対応のポイント

①入居者募集の窓口となる不動産屋さんを固定する

管理もある程度やっているような不動産屋さんを選ぶと、管理業務の一部を無償でやってくれる可能性が高い。

②家賃管理を徹底する

家賃が少しでも遅れたらすぐに督促する。
1ヵ月以上遅れたら退去勧告をする。

③クレーム対応を素早くする

対応が早ければ早いほど、クレームは小さい段階で抑えられ、また対応に必要な費用も少なくなる。

いずれも管理の負担や手間を減少させる効果を期待することができる

POINT

自分で管理することをおすすめするわけではありませんが、物件の収益性が悪化するなどして自分で管理せざるをえなくなった場合には、ここで取り上げた3つのポイントだけは確実に守るようにしてください。いずれも管理の負担や手間を減少させる効果を期待することができます。

5 賃貸営業マン（客付け業者）を動かす方法

不動産の収益性を上げるためには、空室期間をなるべく短縮するべく、賃貸営業マン（客付け業者）に優先的に案内してもらう必要があります。

優先的に案内してもらうためにできることとしては、次の2つを挙げることができます。

①広告料を引き上げる

広告料とは、賃貸物件が成約した場合に、貸主から不動産屋さんに支払われる報酬です（6章10項参照）。宅地建物取引業法上、認められている報酬である仲介手数料とは別のもので、取引慣行上、ごく自然に支払われています。

賃貸営業マンは、賃貸希望のお客さんに紹介する物件を選ぶ際には、この広告料を基準に選ぶことになります。広告料が多いほうが、多くの売上が立ち、それに比例して自分の収入も増えるからです。

広告料を引き上げることについては難色を示す家主が多いのですが、空室期間が短くなるのであれば、決して損にはなりません。私の経験でも、半年ほど空室状態が続いていた物件が、広告料を賃料1ヵ月分から2ヵ月分に引き上げた途端に入居者が決まったというようなケースを数多く見てきているので、広告料はケチらないようにしてください。

②案内をしやすくする

賃貸営業マンの仕事は非常に忙しいものです。そのため案内する物件を決める際には、なるべく効率的に案内できるように、案内のしやすさというポイントを重視することになるわけです。

では、どうすれば賃貸営業マンに案内しやすいと感じてもらえるようになるかというと、物件のカギを借りにくる手間を減らすために、現地にカギを置いておくようにしてください。現地にキーボックスを設置して、案内をしてくれる営業マンには、キーボックスの設置場所とキーボックスの解錠番号を知らせてあげればいいわけです。

たったこれだけのことで案内数が確実に増え、空室期間も短くなるはずなので、ぜひ実践してください。

賃貸営業マンを動かす要素

広告料のイメージ

貸主は貸主側宅建業者、借主は借主側宅建業者に、それぞれ仲介手数料を支払う。それとは別に、貸主が借主側宅建業者に支払うことになるのが広告料である。

賃貸営業マンの給与イメージ

賃貸営業マンは、収入を増やすために、少しでも多くの売上をあげるべく、広告料が高い物件を優先的に案内することになる。

低額の固定給＋歩合給

家賃を下げないための方法

空室期間が長引くと、家賃を下げることを考えると思いますが、家賃はなるべく安易に下げないことです。家賃を下げるのは利回りを下げるということです。

さらに将来的な売却価格が下がることにもつながります。不動産投資をする人は、投資対象となる不動産を探す際に、表面利回りを基準に選別するからです。また、家賃を値下げして入居者募集をしていることを聞きつけた既存の入居者が、自分も家賃を下げてほしいと要求してくることも考えられます。

このように家賃を下げることには物件の収益性を様々な角度から押し下げる負の効果があるので、できるだけ避けてください。では、どうすれば家賃を下げずに入居者を募集することができるのかというと、次のような方法が考えられます。

◆家賃を下げることの意味

①広告料を引き上げる……これは前述しましたが、少々家賃が高かろうと、広告料が高ければ、賃貸営業マンは案内してくれますし、その物件で決まるように知恵を絞ってくれます。

②敷金・礼金を安くする……敷金・礼金が安ければ、少々家賃が高くても、入居申し込みが入りやすくなります。資金が乏しい入居希望者も多いので、非常に有効な方法といえます。

③フリーレント期間を設ける……競合物件の多くがすでに敷金・礼金を安くしているような状況では、敷金・礼金を安くしただけでは入居者を獲得することは難しいでしょう。その場合に、次の一手として考えるべきなのがフリーレント期間を設けることです。

敷金・礼金がゼロの上にフリーレント期間まであれば、手持ち資金が乏しい入居希望者をさらに強く惹きつけることができるはずです。

ここで取り上げた方法は、いずれも実質利回りを下げることになりますが、表面利回りは下がらないため、売却価格にはあまり影響が出ません。そういう意味では単純に賃料を下げてしまうよりは有効な方法だと思いますので、ぜひ利用を検討してみてください。

空室期間が長くなっても家賃を下げない方法

①広告料を引き上げる
②敷金・礼金を安くする
③フリーレント期間を設ける

POINT

いずれの方法も確実に効果がありますが、②と③の方法については、経済的にあまり余裕のない入居者を多く惹きつけることになるので、注意が必要です。
実行に際しては入居者審査を慎重に行なったり、家賃保証会社の利用を入居条件にするなど、対策を講じるようにしてください。

家賃を下げずに入居者を募集する方法の効果

例 広告料を引き上げた結果、従前と同じ賃料で入居者を募集できた場合

賃料

経費

経費

広告料が増えた分だけ経費が増えるので実質利回りは下がるが、賃料は下がらないので表面利回りは変わらない。

売却価格に影響が出にくい

7 物件の収益性を上げるためのアイデア

不動産の収益性を上げるためのアイデアはいろいろあると思いますが、ここでは追加投資なしで実行できるものをいくつかご紹介します。

①ペットの室内飼育を可能にする……ペットの室内飼育ができる物件は意外と少なく、それだけで空室期間が短くなったり、賃料をアップできることがあります。

区分所有マンションの場合は、マンション全体でペットの室内飼育を禁止していることも多いので、この方法を実行するにあたっては管理規約の確認が必要です。

また、いったんペットの飼育を可能にすると、どうしても微妙に匂い等が残るため、ペットを飼育しない人に貸すことが難しくなることも知っておいてください。

②店舗や事務所としての使用を可能にする……店舗や事務所などの事業目的での使用を可能にすると、入居対象者の範囲を広げられるため、空室期間が短くなりやすく、さらに賃料アップも期待できます。

しかし、区分所有マンションは事業目的での使用が禁止されていることが多いため、管理規約の確認が必要です。

③室内改装を自由にする……入居者が室内改装を自由にしていいことにすると、賃料をアップできる上にリフォーム費用を節約することができます。

運よくセンスの非常にいい入居者にあたって、室内がものすごくオシャレになったりすると、以降の入居者募集に際して高い賃料を設定できることもあります。

④高齢者を受け入れる……高齢者の賃貸物件探しは大変です。家主が物件内での事故等を恐れて入居をＯＫしないことが多いからです。

そのため、高齢者の入居をＯＫにすると、多少の賃料アップが可能になります。

ただし、高齢者の入居をＯＫにすると、事故率が上がることは間違いないので、事故があった場合の損失に備える保険に加入するなどの対策は必ず講じておくべきです。

物件の収益性を上げるためのヒント

ターゲットを絞る

▼

どんなニーズがあるのか考えやすくなる!

同一エリア内にすでに同じようなニーズを満たす物件が多数ある場合

▼

さらにターゲットを絞ることによって差別化を図ることができる

例

室内でのペット飼育が可能(エリアに同様物件あり)

▼

室内での大型ペットや危険生物の飼育を可能にする
※ただし、このアイデアについては追加投資が必要となる可能性がある

POINT

市場に存在するのに、まだ満たされていない賃貸ニーズを探してみましょう。そのニーズをうまく満たすような提案ができれば、物件の収益性は少なからずアップするはずです。

8 入居審査時の注意事項

入居者募集がうまくいき、入居申し込みがあったら、申込者の入居の可否を判断するべく入居審査を行ないます。賃料を滞納したり、トラブルを起こす可能性が高い不良入居者をなるべく排除するためです。

最終的な判断は家主に委ねられるので、大まかにでも入居審査時の注意事項を知っておくべきです。主な審査項目とそれぞれの注意事項は以下のとおりです。

・**勤務形態**……勤務形態とは、どのような身分で働き、収入を得ているかということです。勤務形態の区分としては、自営業者、会社役員、正社員、契約社員、パート社員、アルバイト社員といったものがあります。

勤務先の規模、勤続年数なども審査対象となります。

・**年収**……年収については源泉徴収票等の収入証明書の提出を求めて審査を行ないます。賃料の12ヵ月分が年収の3割以内に収まっているかどうかが、審査の基準としてよくいわれます。

・**連帯保証人**……連帯保証人の有無や、その連帯保証人の勤務形態や年収などを確認します。

連帯保証人は、なるべく親や兄弟などの近親者になってもらうようにすべきです。友人などではトラブル発生時に十分な対応が期待できないことがあります。

・**転居理由**……どのような事情で引っ越しすることになったのか、という転居理由を確認します。

極端に近い場所からの引っ越しであるなど不自然なことがある場合には、以前の住居で何らかのトラブルを起こしたりしていないかを慎重に調べるべきです。

・**人間性**……入居審査は原則的に書面のみで行ないますが、判断がつきにくい場合には入居希望者と直接、面談して人間性を見るということをします。面談は管理会社の担当者などが行なうことがほとんどで、家主自らが行なうことはまずありません。したがって実際に入居希望者と面談した担当者の意見などをしっかりと聞いた上で最終的な判断を下すことになります。

管理会社の担当者が否定的な見解を示したときは、入居を受け入れないほうが無難です。そういう勘は、まず当たります。

賃料の支払い能力に不安がある場合の追加的審査事項

預金額

収入等の面で多少の不安があっても、賃料支払いを問題なく続けていけるだけの預金額があることを確認するということです。
なお、預金通帳のコピーの偽造は割に簡単にできてしまうので、できるだけ預金通帳の原本確認をさせてもらうべきです。

賃料の滞納履歴

過去に他の物件で賃料の滞納をしたことがないかどうかを確認します。
なお、賃料の滞納履歴のチェックは家賃保証会社でないと行なうことができないので、家賃保証会社を利用することが前提となります。

注意点

家賃保証会社を利用する場合であっても、連帯保証人をなるべく立ててもらうようにしてください。騒音等の入居マナーに関するトラブルに対応してもらうためです。家賃保証会社では、賃料滞納等の金銭的なトラブルにしか対応してもらえません。

9 滞納を防ぐ家賃保証会社の利用のしかた

家賃保証会社とは、入居者が賃料等を滞納した場合に、代わりに賃料等の弁済をしてくれる会社です。賃料の滞納は物件の収益性を悪化させる原因となるので、必要に応じて家賃保証会社の利用を検討します。

家賃保証会社を選ぶ際のポイントは、次のとおりです。

・**家賃保証の範囲**……滞納賃料を何ヵ月分まで保証してくれるのか、さらに滞納賃料以外の費用をどの程度の範囲まで保証してくれるかといったことです。

当然、保証範囲が広いほど、トラブル発生時の経済的損害を低く抑えることができるので、保証範囲はなるべく広いほうがよいことになります。最低限、月額賃料24ヵ月分と原状回復費、残置物撤去費用、訴訟費用を保証してくれる家賃保証会社を選ぶようにしてください。

・**対応の早さ・的確さ**……いくら賃料保証があるといっても、賃料督促等の対応が遅ければ、無制限の賃料保証をしてくれるわけではない以上、結局、損害が発生してしまいます。そのため、賃料の滞納等が発生したことを連絡した際に、なるべく早く、しかも的確な対応をしてくれる家賃保証会社を選ぶ必要があります。

また、賃料の代位弁済等が、どの程度の期間でなされるのかも重要なポイントとなります。

・**会社の経営状況**……家賃保証会社の中には、入居審査の甘さなどが原因で大量の賃料滞納者が発生し、経営状況がよくないところが少なからずあります。

そういった意味では、ホームページなどで自社の財務状況等を積極的に開示しているような家賃保証会社を選ぶのが無難であることは間違いないでしょう。

◆ケースバイケースで利用する

家賃保証会社の利用を入居条件にすることは、入居者の経済的な負担を増やすことになります（保証料は保証委託契約を締結する入居者の負担になる）。

そのため入居者から敬遠される可能性があるので、一律に家賃保証会社の利用を入居条件とするのではなく、入居審査等の結果、必要に応じてその利用を入居条件にすることをおすすめします。

家賃保証会社を利用する

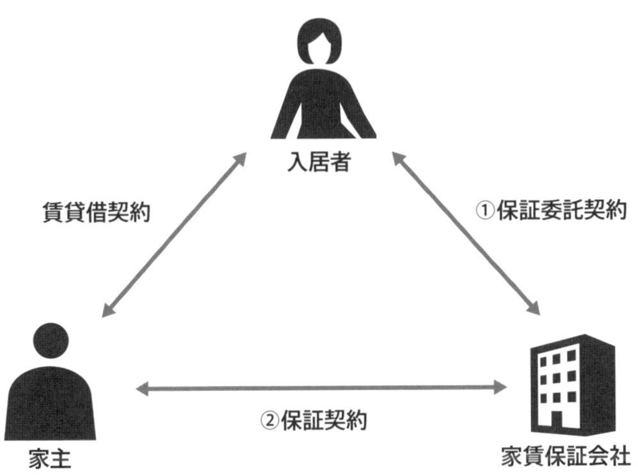

①入居者が家賃保証会社との間で連帯保証人になることを委託するべく、保証委託契約を締結する

②家主と委託を受けた家賃保証会社の間で保証契約を締結する

③入居者に賃料の滞納等があった場合に、家賃保証会社が保証契約の内容に基づき、保証債務を履行する

「家賃債務保証業者登録制度」とは

近年、家賃保証業務の適正化を図るべく、国土交通省の告示により、家賃債務保証業者の登録制度が創設されました。
登録に際してはそれなりの審査基準があり、家賃保証会社を選択する上でのひとつの目安になると思いますので、そういう制度があるということを知っておいてください。
家賃債務保証業者登録制度の詳細については、国土交通省のホームページをご覧ください。

https://www.mlit.go.jp/jutakukentiku/house/jutakukentiku_house_fr7_000024.html

押さえておきたい賃貸借契約書のポイント

入居者が無事決まれば、賃貸借契約を締結することになります。ここでは、国土交通省が公開している**賃貸住宅標準契約書**の内容に基づき、家主としてとくに押さえておくべき賃貸借契約書のポイントをご紹介します。

・契約期間中の修繕……貸主は、「借主が本物件を使用するために必要な修繕を行なわなければならない」とされています。修繕費用については、借主の責めに帰すべき事由により必要となったものは借主が負担し、その他のものは貸主が負担することになります。

・契約の解除……貸主は、借主に賃料や共益費等の支払義務違反があった場合、相当期間を定めて履行を催告し、その期間内に履行がなければ、契約を解除できます。

また、借主が建物の使用目的に違反したり、賃借権の無断譲渡や無断転貸をした場合、相当期間を定めて催告したにもかかわらず、状況の改善がなされず、契約を継続することが困難であると認められるに至ったときには契約を解除することができます。

・借主からの解約……借主は30日前に解約の申し入れを行なうことにより契約を解約することができます。

また、解約申し入れの日から30日分の賃料を貸主に支払うことにより、30日間の経過を待たずに契約を解約することもできます。

貸主側から解約の申し入れをするには、借地借家法27条1項により、6ヵ月前の申し入れが必要です。

・原状回復義務……借主は通常の使用による損耗以外の損耗について、原状回復義務を負うものとされています。つまり、通常の使用による損耗の修繕費等は貸主が負担すべきもので、借主は故意や過失、異常使用による損耗についてだけ原状回復義務を負えばよいということです。

通常損耗と借主が原状回復義務を負うべき損耗の区分については、賃貸住宅標準契約書の末尾に別表が設けられているので、しっかりと確認しておく必要があります（左ページ参照）。

原状回復費用の分担区分の例

貸主負担	借主負担
● 畳の裏返し、表替え ● フローリングのワックスがけ ● 家具の設置による床、カーペットのへこみ、設置跡 ● テレビ、冷蔵庫等の後部壁面の黒ずみ ● 壁等の画鋲、ピン等の穴 ● 日照などによるクロスの変色 ● 地震によるガラスの破損 ● ハウスクリーニング ● 鍵の取り換え	● カーペットに飲み物等をこぼしたことによるシミ、カビ ● 引越作業等で生じた引っかきキズ ● 借主が結露を放置したことで拡大したカビ、シミ ● 喫煙等によるクロスの変色や臭いの付着 ● 落書き等の故意による毀損 ● 飼育ペットによる柱等のキズ、臭い ● 日常の不適切な手入れ、または用法違反による設備の毀損

※賃貸住宅標準契約書の別表第5より抜粋

普通に住んでいても生じるような損耗は貸主負担、借主の故意や過失、異常使用によって生じた損耗は借主負担となる。

国土交通省が公開する賃貸住宅標準契約書の内容については、下記のURLで確認できるので、一読しておこう。

https://www.mlit.go.jp/jutakukentiku/house/jutakukentiku_house_tk3_000023.html

POINT

賃貸借契約書の内容については、あまり関心を持たない家主が多いのですが、ひとたびトラブルが発生すれば、その内容にしたがって問題を解決することになるので、大まかにでも把握しておくべきです。

借地借家法の重要ポイント

賃貸借契約書に定めのない事項は、原則として借地借家法に基づいて判断されます。

ここでは貸主として知っておきたい、借地借家法の重要規定をご紹介します。

・建物賃貸借契約の更新等……建物の賃貸借について期間の定めがある場合において、当事者が期間の満了の1年前から6ヵ月前までの間に、相手方に更新をしない旨の通知、または条件を変更しなければ更新をしない旨の通知をしなかったときは、従前の契約と同一の条件で契約を更新したものと見なされます（借地借家法26条1項）。

貸主、借主が合意していなくても、自動的に賃貸借契約が更新されてしまうということです（法定更新）。

更新をしない旨の通知をした場合であっても、建物の賃貸借の期間が満了した後、賃借人が使用を継続する場合において、賃貸人が遅滞なく異議を述べなかったときも、従前の契約と同一の条件で契約を更新したものと見なされます（借地借家法26条2項）。

・建物賃貸借契約の更新拒絶等の要件……建物の賃貸人による賃貸借契約の更新をしない旨の通知、または建物の賃貸借の解約の申し入れは、建物の賃貸人および賃借人が建物の使用を必要とする事情のほか、建物の賃貸借に関する従前の経過、建物の利用状況および建物の現況ならびに建物の賃貸人が建物の明け渡しの条件としてまたは建物の明け渡しと引き換えに建物の賃借人に対して財産上の給付をする旨の申し出をした場合におけるその申し出を考慮して、正当の事由があると認められる場合でなければ、することができません（借地借家法28条）。

つまり、貸主側から賃貸借契約の更新を拒絶したり、解約の申し入れをすることは、かなり難しいことであるということです。

立退料の支払いを申し出ても、他の事情まで勘案して正当事由があると認められなければ、更新拒絶や解約の申し入れはできないことになります。

借地借家法の重要ポイント

賃貸借契約の更新拒絶について

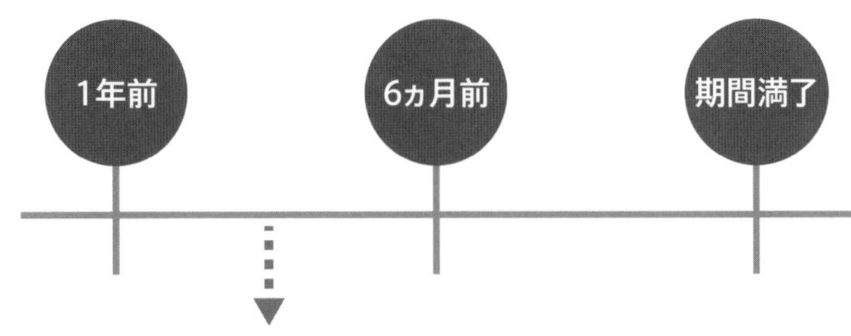

- 賃貸借契約の更新拒絶はこの間に行なう必要がある
- 貸主側から更新を拒絶するには正当事由が必要

その他借地借家法の重要ポイント

造作買取請求権

建物の賃貸人の同意を得て建物に付加した畳、建具その他の造作がある場合には、建物の賃借人は、建物の賃貸借が期間の満了または解約の申し入れによって終了するときに、建物の賃貸人に対し、その造作を時価で買い取るべきことを請求することができる(借地借家法33条1項)。
造作の付加について同意をしなければ、買取請求を受けることはないが、同意をしたい場合もないとは言えない。その場合に備えて、あらかじめ特約で買取請求権を排除しておくほうが無難(強行規定でないため、特約で排除することができる)。

定期建物賃貸借

期間の定めがある建物の賃貸借をする場合においては、公正証書などの書面によって契約をするときに限り、契約の更新がないこととする旨を定めることができる(借地借家法38条1項。この場合、契約の更新がないこととする旨等について書面を交付しての事前説明が必要になる)。
この規定は、転勤中の一定期間だけ建物を賃貸したいという場合などに利用することができる。

家賃滞納の対処法① 自分で管理している場合

◆書面で確約してもらう

まずは自分で物件の管理をしている場合の対処法についてです。家賃滞納の事実を確認したら、即座に滞納者に電話をします。家賃の支払い確認ができない旨を伝えるとともに、いつまでに支払いを行なってもらえるのか確約をとるようにしてください。

特別な事情がない場合、電話したタイミングから1週間以内の日を支払い期日とすべきです。家賃滞納については、なるべく早く解決しないと問題が大きくなってしまう傾向にあるからです。家賃滞納者の多くは、単に銀行口座への入金を忘れたりしているだけなので、これで7割から8割は解決します。

電話がつながらない場合、もしくは電話で約束した支払い期日までに支払いがない場合には、直接、訪問して家賃の督促を行ないます。この際には単に口頭で督促するだけでなく、いつまでに支払うのかについて覚書をもらってください。

全文を自署してもらうのが理想ですが、それが難しければ、あらかじめ覚書を用意し、必要個所に記入および署名捺印をしてもらってください。

◆どうしても支払いがないときの対処法

それでもまだ支払いがない場合には、連帯保証人に連絡をとるべきです。初回に家賃滞納者と接触できたタイミングで、約束の期日までに支払いがなければ、連帯保証人に請求する旨を伝えておきましょう。連帯保証人に請求するとまで言われれば、多少の無理をしてでも家賃を支払うための努力をしてくれるはずです。

さらに家賃を支払わない人は、本当に支払いができない状態にあるか、そもそも支払う意志がないかのどちらかなので、物件の明渡しを求めることになります。

明渡しに応じてもらえない場合には、法的手続きをとることになります。法的手続きをとることになると費用倒れになったり、問題が長期化したりすることも考えられるので、場合によっては滞納家賃の免除を条件に、即時退去を請求するのも選択肢になるかと思います。

家賃滞納の対処法

即座に電話をする

電話がつながらない、あるいは電話での約束が守られない場合は訪問する

約束が守られなければ連帯保証人に連絡
(事前に借主には伝えておく)

物件の明渡しを求める

応じてもらえなければ法的手続きをとる

家賃滞納者との覚書例

覚書

○○殿　　　　令和○年○月○日

私、○○○○は、令和○年○月分、家賃を滞納していることを確認し、以下の事項について確約致します。

1.滞納している令和○年○月分の家賃を令和○年○月○日までにお支払いすること。
2.上記の約束を守ることができない場合、令和○年○月○日までに現在賃借中の○○県○○市○○町1-1 ○○ハイツ101号室より退去すること。

以上の内容について遵守することをここに確約致します。

住所
氏名　○○○○　㊞

家賃滞納の対処法② 管理を委託している場合

◆家主として対応すべきこと

物件の管理を管理会社に委託している場合、家賃の督促は管理会社がするので、家主の立場ですることは基本的にはありません。

ただし家賃滞納があれば、担当者から状況報告や具体的な対応についての相談などはあるので、それには応じる必要があります。

管理会社は管理のプロなので、家賃滞納の対応などには慣れているはずですが、中には対応のまずい担当者もいます。運悪く、そんな担当者に当たってしまった場合には、「いつまでに支払ってくれるのか、支払ってもらえない場合にはいつまでに退去してもらえるかについて確約をとること」など、具体的に指示してください。

なお、管理会社の家賃滞納時の対応については、**どこまでのことをやってくれるのかを管理を委託するまでに確認しておく**べきです。

管理会社の中には、家賃の滞納があっても基本的に電話での督促以上のことをやらないところもあります。そういった管理会社に管理を委託すると、問題を大きくしてしまう可能性が高いので、管理会社を選ぶ段階で注意する必要があります。

◆家賃保証会社を利用している場合

家賃保証会社を利用している場合、自分で、あるいは管理会社が家賃の支払いを督促するのと同時に、家賃保証会社に連絡をとり、**家賃保証会社からも督促してもらう**必要があります。

家賃保証会社は家賃督促のプロですし、家賃支払いがなければ自社が代わりに支払わないといけない立場ですから必死に督促してくれるはずなので、すべて任せても問題はないはずです。

しかし、家賃滞納があった場合には、迅速に行動しなければならないことに変わりはありません。家賃保証会社ごとに滞納があった場合の連絡ルールなどが定められているはずなので、速やかに家賃滞納の事実を家賃保証会社に連絡するようにしてください。

家賃の滞納率

月末での1ヵ月滞納率

月初滞納率は首都圏4.5％、関西圏5.9％、その他5.2％、全国5.0％と、いずれも高くなっているが、月末滞納率は急速に下がる。
原因としては、家賃引き落とし銀行口座への入金忘れなどによる一時的滞納が多いものと考えられる。

首都圏	関西圏	その他	全国
1.7%	2.4%	2.2%	2.1%

月末での2ヵ月滞納率

現状はかなり低い水準にあるが、景気が悪化すれば急激に高くなることも考えられる。

首都圏	関西圏	その他	全国
0.9%	1.4%	1.0%	1.0%

※公益財団法人 日本賃貸住宅管理協会の2019年度上期市場データより引用
https://www.jpm.jp/marketdata/

POINT

新型コロナウイルスの影響で、急激に景気が悪化しています。今後、家賃の滞納率が高くなることが予想されるので、そのことを踏まえた上で家賃滞納時の対処法を考えておく必要があります。

家賃滞納を解決する法的手段とは

家賃滞納があった場合、当事者間の話し合いレベルで解決できればいいのですが、それが難しいときには次のような法的手段に訴える必要があります。

・**内容証明郵便**……内容証明郵便とは、いつ、誰から、誰あてにどんな内容の郵便がなされたのかを証明してくれるものです。法的手段ではないのですが、その一歩手前の手段としてここでご紹介しておきます。

内容証明郵便の記載内容は、賃貸借契約の特定に必要な事項（物件所在地や契約年月日など）、滞納家賃、支払期限、家賃振込先金融機関の口座番号、支払期限までに家賃の支払いがない場合、あらためて通知をすることなく契約を解除する旨などを記載します。

24時間、内容証明郵便の発送を受け付けてくれる「e内容証明（電子内容証明）」というサービスもあります。

・**支払督促**……支払督促とは、債権者からの申立てに基づいて、裁判所が債務者に対し、金銭の支払いを命じる督促状を送付してくれる制度です。書面審査のみなので速やかに手続きが進む上に、裁判に比べると費用負担も軽いというメリットがあります。

なお、支払督促に対して相手方から異議の申立てがあれば、通常の訴訟手続きに移行することになります。この場合の訴訟は、相手方の住所地の管轄裁判所で審理されることになる点に注意が必要です。

・**少額訴訟**……少額訴訟とは60万円以下の金銭の支払いを求める場合に限り利用できる特別な訴訟制度です。一回の期日で審理が終わり、即日、判決が出ます。

相手方から異議の申立てがあれば、通常の訴訟手続きに移行する点は支払督促の場合と同様ですが、その際の審理は同一の簡易裁判所で行なわれることになります。したがって相手方住所が遠方で、異議の申立てがなされる可能性が少しでもある場合には、少額訴訟を選択しておくほうが無難かもしれません。

なお、滞納家賃を回収するだけでなく、合わせて賃借人を退去させたい場合には、支払い督促や少額訴訟では目的を達成することができないので、最初から通常の訴訟を行なうべきです（**明渡し請求訴訟**）。

滞納家賃の督促をする内容証明郵便の文例

入居者住所
入居者氏名

令和○年○月○日

家賃支払い請求書

貴殿は下記建物について当方と賃貸借契約を締結していますが、令和○年○月分から令和○年○月分までの家賃を滞納されています。

つきましては、本書面到達日より1週間後の令和○年○月○日までに滞納家賃全額を当方指定口座までお振込みいただきますよう請求申し上げます。

なお、令和○年○月○日までに滞納家賃の振込が確認できない場合には、あらためて契約解除の通知をすることなく、当然に貴殿との賃貸借契約を解除させていただくことになりますことを、あわせてお知らせ致します。

1.賃貸借契約に関する事項
　物件所在地
　契約年月日
2.滞納家賃の金額
3.支払期限
4.家賃振込先銀行口座

家主住所
家主氏名

※内容証明郵便を送ったことを証明する謄本(差出人が作成し、差出人および差出郵便局が保管)には、1枚の用紙に記載できる文字数について、横書きの場合1行20字以内×26行以内、1行13字以内×40行以内、1行26字以内×20行以内という制限がある(内容文書には、字数·行数の制限はない)

e内容証明の場合、文字数についての制限が大幅に緩和されている。
詳細については、下記のURLで確認

https://www.post.japanpost.jp/service/enaiyo/index.html

15 死亡事故があったときの対処法

物件を自分で管理する場合には、物件内で発生するあらゆるトラブルに自分で対処する必要があります。

そこで、賃貸中に発生する各種トラブルの中でも最大級のトラブルである、死亡事故があった場合の対処法についてご紹介しておきたいと思います。

◆相続人・連帯保証人への連絡

物件内で死亡事故があった場合、亡くなられた人の相続人や連帯保証人と連絡をとり、各種対応を求めることになります。相続人に対しては、残置物の撤去と入居時に預かっている一時金（敷金や保証金）の権利放棄などをお願いします。

相続人と話し合いをしてみて、ある程度の損害賠償に応じる意志と経済力がありそうであれば、「損害の一部だけでも賠償してもらえるとありがたい」といった内容の話をしてみてもいいでしょう。間違っても被害者意識から、高圧的な態度をとったりしないことです。

連帯保証人に対しては、死亡事故があったことによって発生した損害の賠償請求を行ないます。

連帯保証人は相続人と違って相続放棄によって逃げることができないので、多少、強気で話をしてもいいと思いますが、ここでもあくまで相談するという態度で臨むことが大切です。

◆死亡事故にあらかじめ備える方法

物件内で死亡事故があっても、亡くなられた人の相続人や連帯保証人に実損害額のすべてを賠償してもらうことなど、まず期待できません。そこで家主としては、死亡事故にあらかじめ備えることを考える必要があります。

死亡事故にあらかじめ備える方法としては、自殺や孤独死によって発生した損害を補填してくれる、**保険への加入**を挙げることができます。以前は施設賠償責任保険などに特約をつける形で備えるのが一般的でしたが、今は自殺や孤独死によって発生した損害を補填することを主目的とした保険もリリースされているので、そういったものの利用も検討してみてください。

死亡事故があった場合の対処法

原則 話し合いレベルでの問題解決を目指す

相続人 相続放棄されてしまわないように、残置物の撤去等、最低限の対応を求める

連帯保証人 相手方が極端な無理をしないでいい範囲の損害賠償を求める

例外 相続人、連帯保証人のいずれもが対応の意志を示さない場合や発生している損害が非常に大きい場合は法的手段へ

法的手段を講じる場合、費用対効果を慎重に検討することが必要。差し引きで多少のお金が戻ってきても、費やした時間や労力を考えると、とても見合わない結果になることもある。

POINT

相続人、連帯保証人のいずれに対する関係でも、相談するというスタンスで臨むことが大切です。被害者意識から高圧的な態度をとると、かえって問題の解決を難しくするだけです。

死亡事故にあらかじめ備える方法

各種保険への加入

「家賃補償保険」「賃貸住宅管理費用保険」「施設（所有者）賠償責任保険」など。特約の付帯が必要なものもある。保証範囲や加入条件が異なるので、加入前にしっかりと確認すること。

家賃保証会社の利用

家賃保証会社の中には、孤独死による損害を保証範囲に含めているところもある。

16 入居者が退去した後のリフォーム

現在の入居者が退去した場合には、次の入居者を募集するべく、速やかに物件のリフォームをする必要があります。

ここではリフォームのポイントをご紹介します。

◆ハウスクリーニングは必須

最低限、ハウスクリーニングをする必要があります。

常識のある入居者であれば、退去時にある程度の掃除をした上で物件を明け渡してくれますが、その掃除だけでは次の入居者の募集ができるような状態にはなりません。

必ず、**プロの業者にハウスクリーニングを依頼**して徹底的にきれいにしてもらってください。

◆それ以外はケースバイケースで

それ以外のリフォームは、室内の状況を見ながらケースバイケースで検討するようにします。

明確な故障個所はもちろんのこと、経年劣化等により、見た目が汚くなってしまっているような個所についてもリフォームを検討することになります。

自分が賃貸物件を探している立場で考えて、その物件を選ばない決定的な理由になりそうな個所は、故障していなかったとしても、リフォームしておくべきです。管理会社や入居者募集の窓口となってくれる不動産屋さんの担当者とも相談して適切に判断してください。

◆リフォーム業者の手配は早めに

自分で物件の管理をしている場合には、リフォーム業者の手配を早めにすることを忘れてはいけません。できれば物件の明渡し当日には現場を見てもらって、速やかにリフォーム工事に入ってもらえるようにしてください。

リフォームの費用は業者によって大きく異なるので、とくにはじめてリフォームを依頼する際には、必ず相見積もりをとるようにしてください。

相見積もりをとる際には、なるべく安い見積もり額を提示してもらえるよう、必ず各業者に相見積もりであることを伝えるようにしてください。

リフォーム検討が必要な個所一覧

壁紙(クロス)・壁	タバコや日照などによる変色もチェック
フローリング・クッションフロア	穴や割れだけでなく、表面の摩耗などもチェック
畳	畳がしなるような状態になっていれば表替えでなく、交換
キッチン ユニットバス トイレ 洗面台	故障個所があれば修繕、もしくは交換 故障がなくても古さを感じるようであれば交換を検討する(物件のグレード・賃料設定による)
ドア・建具	開け閉めをするに際して不具合がないかなどをチェック 見落としがちなのが雨戸の状態
窓・サッシ	ひびや割れがないかをチェック 窓の材質によって故障がわかりにくいことがあるため、退去立ち合い時にしっかりと確認する
給湯器	問題なくお湯が出るかどうかをチェック 給湯器の寿命は10年程度 また、利用を中断すると故障しやすい
換気扇	正常に回るか、使用時に異常音がしないかなどをチェック

17 リノベーションについて

リフォームには、前項で述べた入居者の退去にともなう原状回復的な意味合いでなされるリフォームの他に、物件の魅力度を大幅にアップするために、それこそ間取りから変えてしまうような規模で行なわれるリフォームもあります。いわゆるリノベーションですね。

近年、収益物件についてもリノベーションが行なわれることが増えていますが、残念ながら費用倒れになってしまうケースもかなり多いようです。

そこでリノベーションを実施するかどうか、どのように判断すればいいのかについてお話ししておきたいと思います。

◆第一段階：需要があるのか

まず、最初に検討すべきなのは、その地域におけるリノベーション物件の需要についてです。

リノベーション物件は、たしかに見た目はおしゃれではあるのですが、住居に求められる基本的な機能については、他の物件ととくに変わるわけではありません。つまり、見た目がおしゃれであるという付加価値に割高な賃料を支払う人たちが、物件の所在する地域にどの程度いるのか、事前に見極める必要があるということです。

もし、そういった人たちがほとんどいないことが予測できるのなら、リノベーションなど最初から検討する必要がないということになります。

◆第二段階：増加収益＞投下資本となるのか

ある程度、リノベーション物件に対する需要があると考えられる場合、次の段階としてリノベーションを行なうことによって、費用以上に収益が増加することになるのかを検討することになります。具体的には、次の3つの点について検討する必要があります。

①賃料をいくらくらい高くできるのか？
②空室期間がどの程度、短くなるのか？
③売却価格がいくらくらい高くなるのか？

リノベーションの費用は税務上、資本的支出と見なされ、減価償却を行なえるので、減価償却費を計上できることによる節税効果も考慮する必要があります。

リノベーション実施による収益の増加のシミュレーション例

リノベーション費用を500万円、残り保有期間を8年とする場合

①賃料をいくらくらい高くできるのか?

保有期間中の平均賃料を7万円から8万5000円にアップ

②空室期間がどの程度、短くなるのか?

保有期間1年ごとの平均空室期間が2ヵ月から1ヵ月に短縮

③売却価格がいくらくらい高くなるのか?

売却価格が1800万円から2100万円にアップ

①②より保有期間中の増加賃料は、

{(8万5000円－7万円)×10＋8万5000円}×8年＝188万円

(空室期間が1ヵ月減少したことによる増加賃料)

③より増加売却額は、

2100万円－1800万円＝300万円

したがって、「増加収益488万円<投下資本500万円」となる

POINT

上記の例では、減価償却費を計上できることによる節税効果はありますが、融資を受けてまでリノベーションを実施すべきかどうかは、微妙なところであると判断できます。

COLUMN 5

賃貸業者の営業マンの能力を活用する

私は、不動産投資での成功を図る上で、賃貸業者の営業マンの能力を活用することは必須であると考えています。彼らほど、お部屋探しをしているお客さんの立場からの収益物件の見え方や感じ方を正確に把握できている人は他にいないからです。

賃貸業者の営業マンは、自分が普段、業務に従事しているエリア内の物件なら、部屋を見ただけで、「いくらくらいの賃料設定なら入居申し込みが入るのか」「入居申込みが入るまで、どれくらいの期間が必要となるのか」を瞬時に判断できます。

また、入居申し込みがなかなか入らない場合には、原因が何なのか、その原因を解消するためにはどんな対策を講じるべきなのかも簡単に把握できてしまいます。

こんな能力がある人がいるのだとしたら、その能力を活用させてもらわない手はないですよね。

賃貸業者の営業マンが持つ、こういった能力は、日々、お部屋探しをしているお客さんを何件もの物件に案内し、その際のお客さんの反応をウォッチし続けている中で身につけた、いわば特殊能力のようなものです。不動産取引に必要な法律や税務の知識では、賃貸業者の営業マンのはるか上を行く売買業者の営業マンであっても、とてもマネできません。

その能力を活用させてもらうべく、物件の購入を検討している、もしくは物件を保有しているエリア内で1人でもいいので、賃貸業者の営業マンと仲良くなり、気軽にアドバイスをもらうことができるような友好的な関係を築いてください。

なお、賃貸業者には、主に借主側の媒介業務をしている賃貸業者と、主に貸主側の媒介業務をしている賃貸業者がありますが、上記の特殊能力をより強く備えているのは、借主側の媒介業務をしている営業マンです。

6章 不動産投資で必要な「各種費用」のしくみ

1 費用の正確な把握が失敗を防ぐ

◆とくに融資を受けているときには不可欠

6章では、不動産投資に必要な費用についてお話ししていきたいと思います。費用は、不動産投資をする上では非常に大事な要素です。費用のことをわかっていないと、不動産の収益性や資金繰りの可否などを検討できないからです。

不動産投資を始めてみたものの、予想以上にいろいろな費用がかかり、キャッシュフロー的にマイナスの状態に陥っているという人が、実は多くいます。

とくに金融機関から融資を受けて不動産投資をしている人は、不本意な形で不動産を手放さなければならなくなる可能性もあり、その場合の経済的なダメージは計り知れません。

そんな悲惨なことにならないためにも、費用についてしっかりと学んでほしいと思います。

◆総費用金額の計算

総費用金額の計算は、なるべく各費用ごとに金額を把握して、合算する形で行なうようにすべきです。不動産投資関連の書籍やインターネット記事などで、「**費用率（経費率）**」といったものが紹介されることがありますが、これはあくまで、おおよその金額を知るための数字にすぎません。

大量の物件資料の中から投資対象となりうる物件を選別するような段階では、そういった数字を用いるのもいいとは思いますが、最終的な投資判断をする際には、必ず各費用の金額を合算する形で総費用金額を計算するようにしてください。

各費用の金額は、事前に正確に把握するのは難しいことが多いと思いますが、その場合は大体の金額で考えれば結構です。費用の支払先のホームページを見たり、電話で確認すれば、おおよその金額くらいはわかるはずです。

大事なのはどんぶり勘定にならないことです。どんぶり勘定にさえならなければ、実際の総費用金額から2割も3割もかけはなれた計算結果になることは、まずありません。

不動産投資の収益構造

キャピタルゲイン
＝売却価格－(購入価格＋購入費用＋売却費用)－税金

インカムゲイン
＝賃料等－不動産保有期間中に必要となる費用－税金

費用金額が重要な理由

主な不動産投資の収益の計算要素＝売却価格、購入価格、購入費用、売却費用、賃料等、不動産保有期間中に必要となる費用、税金

このうち、費用関連の要素は購入費用、売却費用、不動産保有期間中に必要となる費用の3つ。このことからも、不動産の収益性を判断する上で費用金額の把握が重要であることがよくわかる。

POINT

物件資料などに掲載されている表面利回りは、上記の要素のうち、購入価格と賃料等の2要素から計算されるものにすぎません。
無意味とまでは言いませんが、あくまで不動産の収益性を知る上での目安程度のものと考えるべきでしょう。

不動産購入時に必要となる費用

不動産を購入する際に売買代金や消費税以外に必要となる費用としては、以下のようなものがあります。

①**仲介手数料**……不動産売買契約について仲介してくれる不動産屋さんに対する報酬です。

②**登記費用**……所有権移転登記や抵当権設定登記を受けるために必要な費用です。登記申請を代理してくれる司法書士への報酬や登録免許税などからなります。

③**印紙税**……不動産売買契約書には、その記載金額に応じた印紙を貼付する必要があります。

④**不動産取得税**……不動産の取得に関して、不動産の所在する都道府県によって課される税金です。不動産取得後、半年から1年ほどで納税通知書が郵送されてくるので、それ以降のタイミングでの納税となります。

⑤**融資関連諸費用**……金融機関からの融資を利用して購入する場合には、融資関連諸費用が必要となります。たとえば、保証料、取扱事務手数料などです。

⑥**保険料**……購入する不動産について発生しうるリスクに備えるために加入する、火災保険などの保険料です。保険料の金額は、一括払いと年払いのどちらを選択するかで大きく異なります。

⑦**固定資産税・都市計画税の日割り精算金**……売買契約によって所有権が移転する年分の固定資産税と都市計画税を、売主と買主が公平に負担するために支払う精算金です。

⑧**管理費・修繕積立金の日割り精算金**……区分所有マンションを購入する場合に必要となる費用です。売買契約によって所有権が移転する月分の管理費と修繕積立金を、売主と買主が公平に負担するために支払います。

以上が不動産購入に際して必要となる費用です。

これらの費用は不動産取得税を除いて、原則として不動産取引の決済時点までに支払わなければなりません。万が一にでも資金が足りなくなってしまうと取引が結了できなくなってしまうので、事前にしっかりと必要金額を計算しておくことが必要です。

不動産購入時に必要となる費用の支払い時期

①契約時

印紙税、場合によっては仲介手数料の半金
※手付金を交付する場合には、契約時に交付することになる

②決済時

売買代金および消費税、仲介手数料、ローン関連諸費用、登記費用、固定資産税・都市計画税の日割り精算金、管理費・修繕積立金の日割り精算金、保険料

③所有権移転から半年から1年後

不動産取得税

売買代金にかかる消費税について

収益物件を購入する場合、売買代金のうち建物部分については原則として消費税がかかる。土地部分については消費税はかからない。
物件資料等に掲載されている売買代金については、本体価格で表示されている場合と消費税込みの価格で表示されている場合があるので、注意が必要。

土地価格	建物価格

建物価格についてのみ消費税がかかる

3 不動産屋さんに支払う「仲介手数料」

仲介手数料とは、不動産取引に際して仲介をしてくれた不動産屋さんに支払う報酬です。不動産投資をする場合、不動産を購入するときと、売却するときの2回、仲介手数料の支払いが必要となります。

金額は、次の計算式によって求めることができます。

①物件価格が200万円以下の場合……物件価格×5％
②物件価格が200万円超400万円以下の場合……物件価格×4％＋2万円
③物件価格が400万円超の場合……物件価格×3％＋6万円

※物件価格はいずれも消費税抜きの本体価格です。別途、消費税の支払いが必要となります。

たとえば、物件価格が5000万円の場合の仲介手数料は、③により、物件価格5000万円×3％＋6万円＝156万円（消費税別）と計算できます。

なお、仲介手数料の支払いが必要となるのは、あくまで不動産屋さんが取引の仲介をしてくれた場合のみです。不動産屋さんが売主で、他の不動産屋さんの仲介なしで直接、売買契約を締結する場合には不要です。

◆仲介手数料は値切らない

実は上記の計算式で求められる仲介手数料の金額は、法律で定められる上限金額です。したがって、この金額以下であればいくらでもよいので、値切ることも可能です。

しかし、私個人の考えとしては、仲介手数料を値切るのはあまりおすすめしません。下手に値切ると、タチの悪いお客さんと判断され、今後、おいしい収益物件が出てきた際に、優先的に物件情報を提供してもらえなくなる可能性があるからです。

◆仲介手数料の税務上の取り扱い

不動産購入時の仲介手数料は、ただちに税務上の必要経費とはなりません。まず土地・建物の一部として資産計上され、建物部分の仲介手数料は償却期間に応じて減価償却されることになります（土地部分の仲介手数料は減価償却されることはありません）。

仲介手数料の税務上の取り扱いの例

例 物件価格6000万円（土地価格2000万円、建物価格4000万円）
仲介手数料186万円

※物件価格（建物価格）は消費税抜きの本体価格

仲介手数料を土地部分と建物部分に分ける

- 土地部分の仲介手数料
  186万円×2000万円/6000万円＝62万円
- 建物部分の仲介手数料
  186万円×4000万円/6000万円＝124万円

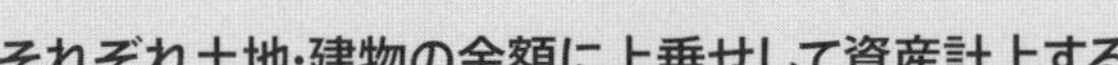

それぞれ土地・建物の金額に上乗せして資産計上する

建物部分の仲介手数料124万円は、建物価格4000万円とともに減価償却される。つまり、減価償却費という形で間接的に所得から控除されることになる

仲介手数料を分割

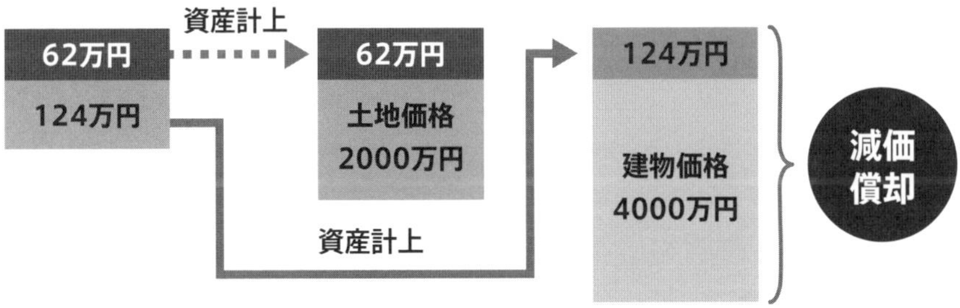

4 権利関係を公示する「登記費用」

売買契約によって不動産の所有権を取得したり、金融機関から融資を受けて不動産に抵当権を設定する場合には、その事実を公示するために登記しなければなりません。その登記を行なうために必要な費用が登記費用です。

登記費用の内訳としては以下のものがあります。

①**司法書士に対する報酬**……登記の代理申請をしてくれる司法書士への報酬です。登記については自分で申請することもできますが、通常は取引の安全を期する意味で司法書士に代理申請をお願いします。

②**実費**……司法書士が登記を代理申請するために必要となる交通費や、登記事項証明書の請求手数料などです。

③**登録免許税**……登記を受けるために必要となる税金（国税）です。

所有権に関する登記を受ける際の登録免許税の金額は、次の式によって計算されます。

不動産の価額（固定資産税評価額）×税率

売買契約によって所有権移転登記を受ける際の登録免許税の税率は原則2％（所有権の保存登記を受ける場合は0・4％）とされていますが、土地の売買による所有権移転登記については、令和3年3月31日までは、1・5％に軽減されています（適用期限延長の可能性あり）。

抵当権設定登記を受ける際の登録免許税の金額は、次の式によって計算されます。

債権金額×税率

債権金額については、金融機関から融資を受ける金額のことであると考えてください。抵当権設定登記を受ける際の登録免許税の税率は、0・4％となっています。

◆登記費用は節約できる

実は登記費用は、結構、上下の振れ幅の大きい費用です。登記申請をお願いする司法書士によって、報酬の金額が大きく異なるからです。ですから、自分で司法書士を探してみるのもひとつの方法かと思います。

登記簿のイメージ

土地登記簿の例

【表題部】(土地の表示)			調整平成21年11月23日	地図番号	余白
【不動産番号】	○○○○○○○○○○○○○				
【所　在】	○○市○○町○○丁目		余白		
【地番】	【地目】	【地積】	【原因及びその日付】	登記の日付	
○○番○○	宅地	126.48㎡	36番7から分筆	平成8年6月2日	

【甲区】(所有権に関する事項)				
【順位番号】	【登記の目的】	【受付年月日・受付番号】	【原因】	【権利者その他の事項】
1	所有権保存	平成○年○月○日 第○○○○号	余白	所有者 ○○市○○町○丁目○号 ○○○○
2	所有権移転	平成○年○月○日 第○○○○号	平成21年 11月23日売買	所有者 ○○市○○町○丁目○○号 ○○○○

【乙区】(所有権以外の権利に関する事項)				
【順位番号】	【登記の目的】	【受付年月日・受付番号】	【原因】	【権利者その他の事項】
1	抵当権設定	平成○年○月○日 第○○○○号	平成年月日○○ 平成年月日設定	債権額○○○○ 損害金○○○○ 債務者○○○○ 抵当権者○○○○
2	1番抵当権 抹消	平成○年○月○日 第○○○○号	平成年月日○○	余白
3	抵当権設定	平成○年○月○日 第○○○○号	平成年月日○○ 平成年月日設定	債権額○○○○ 損害金○○○○ 債務者○○○○ 抵当権者○○○○

登記簿(不動産登記簿)=不動産の物理的現況や権利関係を記録した帳簿のこと

表題部には当該不動産の物理的現況等が、甲区には所有権に関する事項が、乙区には所有権以外の権利(たとえば担保権など)に関する事項が、それぞれ記載される。

所有権移転登記　売買等によって所有権が移転する場合になされる登記

所有権保存登記　甲区にはじめてなされる所有権の登記

抵当権設定登記　債権を担保するために抵当権を設定する場合になされる登記

5 不動産取得時の「印紙税」「不動産取得税」

◆印紙税について

不動産売買契約書を作成する際には、その記載金額（売買代金）に応じた印紙税を納付しなければなりません。印紙税の金額は左ページの表のとおりです。

印紙税を不動産売買契約書の作成のときまでに納付しなかった場合、印紙税の実質3倍に相当する金額の過怠税が課されることになります。

貼り付けた印紙には課税文書と印紙の彩紋（模様のこと）にかけ、消印をしなければなりません。消印を忘れた場合にも、印紙と同額の過怠税が課されることになるので、必ず消印をするようにしてください。

◆不動産取得税について

不動産の取得に関して、不動産の所在する都道府県によって課される税金です。不動産取得税の金額は次の式によって計算することができます。

不動産の価額（固定資産税評価額）×税率

税率については原則4％とされていますが、令和3年3月31日までは土地および住宅用建物について税率を3％に引き下げる軽減措置がとられています。

課税標準にも、次の軽減措置がとられています。①令和3年3月31日までに土地を取得する場合、課税標準が2分の1となります。②床面積50㎡以上（戸建以外の貸家住宅については40㎡以上）240㎡以下の新築住宅を取得する場合、課税標準から1200万円（令和4年3月31日までに取得された認定長期優良住宅の場合、1300万円）が控除されます。なお、中古住宅の場合、自己居住用でないと軽減措置の適用は受けられません。共同住宅の場合は、独立した区画ごとに控除されます。

不動産取得税は不動産取得後、半年から1年ほどで納税通知書が送られてきます。納税通知書を見て慌てることがないよう、そのためのお金を取り分けておくことをおすすめします。

なお、不動産取得税は個人の場合は経費となりますが、法人の場合、経費とするか、資産計上して減価償却するかを選択できるものとされています。

印紙税の金額と消印の方法

契約書記載金額	印紙税額
100万円超500万円以下	1000円
500万円超1000万円以下	5000円
1000万円超5000万円以下	1万円
5000万円超1億円以下	3万円
1億円超5億円以下	6万円
5億円超10億円以下	16万円

※上記印紙税額は軽減特例適用時の金額(令和4年3月31日まで。期限延長の可能性あり)

消印の方法

正しい例 課税文書と印紙の彩紋にかけて消印がなされている

間違った例 課税文書に消印がかかっていない

「融資関連諸費用」「保険料」について

◆融資関連諸費用について

融資関連諸費用とは、金融機関からの融資を利用して不動産を購入する場合に必要となる費用です。具体的な内容としては以下のようなものがあります。

・**保証料**……金融機関から融資を受ける際に、その債務について保証会社に保証してもらう対価です。

保証料の支払い方法には、**借入金利に上乗せする方法**と**借入時に一括払いする方法**があります。初期段階での支出をなるべく抑えたいという場合には借入金利に上乗せする方法を、保証料の総金額を安くしたい場合には一括払いする方法を選択することになります。

金融機関が独自に審査し、融資を行なうプロパーローンの場合、保証会社から保証を受ける必要がないため、保証料の支払いは不要です（代わりに、多くの場合、連帯保証人を立てることが必要となる）。

・**取扱事務手数料**……金融機関の融資に関連して必要となる事務手続きを行なってもらうための費用です。

・**印紙代**……融資を受ける金融機関との間で交わす**金銭消費貸借契約書**に貼り付ける印紙代です。印紙の金額は同契約書の記載金額（借入金額）によって異なります（左ページ表参照）。

◆保険料について

不動産投資をする場合に生じる様々なリスクに備えるために加入する各種保険の保険料です。保険の種類としては以下のようなものがあります。

・**火災保険**……火災等によって発生する建物等の損害に備える保険です。なお、入居者にも自らの過失による損害賠償に備えるべく、必ず「借家人賠償特約のついた家財保険」に加入してもらうようにすべきです。

・**地震保険**……地震によって発生する建物等の損害に備える保険です。単独では加入することができず、火災保険にセットする形で加入することになります。

・**施設（所有者）賠償責任保険**……建物の欠陥等によって入居者等に損害を与えてしまった場合に、所有者（もしくは管理者）が負うことになる賠償責任に備えるための保険です。

金銭消費貸借契約書に必要な印紙代一覧

契約書記載金額(借入金額)	印紙税額
100万円超500万円以下	2000円
500万円超1000万円以下	1万円
1000万円超5000万円以下	2万円
5000万円超1億円以下	6万円
1億円超5億円以下	10万円
5億円超10億円以下	20万円

保険についての注意点

①不動産屋さん任せにせず、自分で探す

保険は必ずしも不動産屋さんが提案するものに加入しなければならないわけではない。同じような補償をより安い保険料で提供してくれる保険会社がないか、インターネット等でしっかり調べるようにしよう。

②補償範囲をしっかりと確認する

保険で補償されることになる事故の範囲を事前にしっかりと確認する必要がある。必要に応じて補償範囲を拡張する、特約の付帯なども検討するようにしよう。

③加入の必要性をしっかりと検討する

たくさんの保険に加入すれば安心材料にはなるが、その分、費用は増加し、収益性が悪化することになる。過剰な保険加入を防ぐためにも、「本当にこの保険は必要か？」ということをしっかりと検討する必要がある。

売主と買主の「日割り精算金」

◆固定資産税・都市計画税の日割り精算金

固定資産税・都市計画税の日割り精算金とは、売買契約によって所有権が移転する年分の不動産の固定資産税と都市計画税を公平に負担するために、買主から売主に支払われる精算金です。

売主が、所有権が移転する年分の固定資産税・都市計画税をまとめて納税し、買主は自分が負担すべき分を日割り精算金として売主に支払うということです。

日割り精算金は、1年に占める買主の所有日数に応じて計算されます。たとえば、固定資産税・都市計画税の年額が12万円で、1年（365日）に占める買主の所有日数が146日の場合の固定資産税・都市計画税の日割り精算金の金額は、次のように計算されます。

12万円×146日／365日＝4万8000円

固定資産税・都市計画税の日割り精算金の計算の基礎となる1年の捉え方は、地域によって異なります。

関東圏では1月1日から12月31日までを1年として計算することが多く、関西圏では4月1日から3月31日までを1年として計算することが多いようです。

当然、どちらの方法によって計算するかによって金額が大きく変わってくるので、取引慣行が違う遠方の人と売買契約を締結する場合には、事前にどちらの方法によって精算するのかを確認する必要があります。

◆管理費・修繕積立金の日割り精算金

購入対象が区分所有マンションの場合、管理組合に対して納付する管理費・修繕積立金についても日割り精算する必要があります

所有権が移転する月分の管理費・修繕積立金は売主がまとめて納付し、買主は自分が負担すべき分を日割り精算金として売主に支払います。その精算金の金額はひと月の買主の所有日数に応じて計算されます。

たとえば、管理費・修繕積立金の月額が合計2万4000円で、ひと月（30日）に占める買主の所有日数が16日の場合の精算金の金額は、次のように計算されます。

2万4000円×16日／30日＝1万2800円

固定資産税・都市計画税の日割り精算金の取り扱い

固定資産税・都市計画税の年額が12万円の場合

関東圏

12万円×146日/365日＝4万8000円

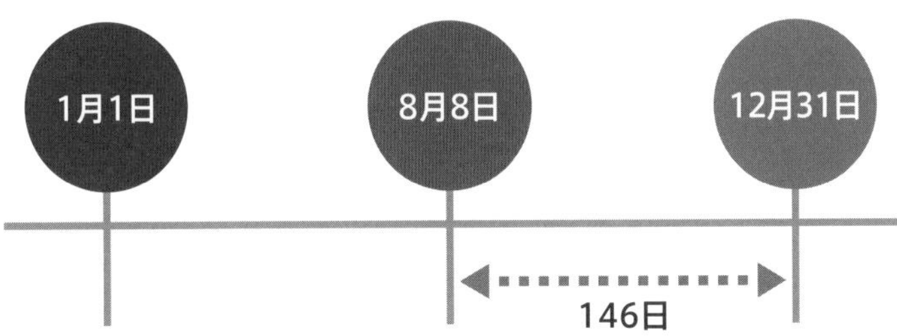

関西圏

12万円×236日/365日≒7万7589円

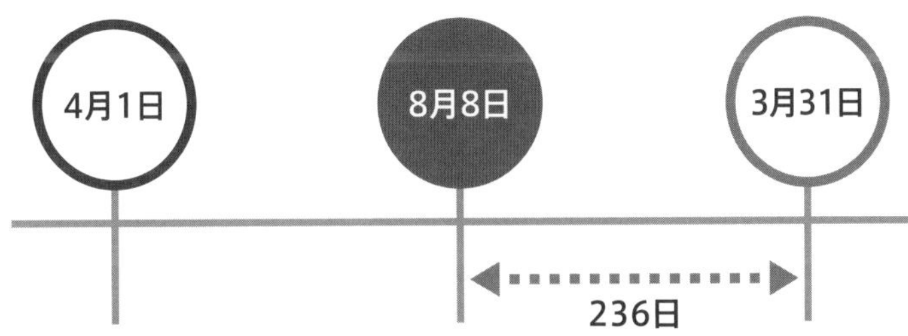

関東圏では1月1日から12月31日までを1年として計算することが多く、関西圏では4月1日から3月31日までを1年として計算することが多いので、地域によってこのような差が出てくる。

8 不動産保有期間中に必要となる費用

次の費用について把握できていないと、実質利回りが計算できないのはもちろんのこと、当初からキャッシュフローがマイナスになるような危険な不動産投資にもなりかねません。最低限の知識は持っておきましょう。

①**管理費**……不動産の管理（賃貸管理）をしてくれる管理会社に、管理業務の対価として支払う報酬です。

②**管理費・修繕積立金**……不動産が区分所有マンションの場合に、管理組合に支払う費用です。**管理費**はエレベーターや廊下等の共用部分の定期清掃等の管理業務のために使われます。**修繕積立金**は基本的に外壁工事等の大規模修繕に備えてプールされます。

③**金融機関への返済**……金融機関から融資を受けて不動産を購入した場合、毎月、返済する必要があります。金融機関への返済のうち、税務処理上、費用計上できるのは、建物部分についての利息相当額のみです。

④**保険料**……火災保険や施設（所有者）賠償責任保険等に加入している場合の保険料です。

⑤**広告料**……入居者との間に賃貸借契約が成立した際に、不動産屋さんに対して支払うことになる報酬です。

⑥**フリーレント費用**……フリーレントとは、入居者の新規募集をしやすくするために入居当初の賃料数ヵ月分を無料にすることです。本来、入ってくるべきものが入ってこないのですから、これも費用といえます。

⑦**リフォーム費用**……退去があった際に、新しい入居者を募集するために室内等をリフォームする費用です。通常、損耗に関するリフォーム費用については、原則、貸主が負担することとされています。

⑧**大規模修繕費**……建物の外壁工事のような大規模な修繕に備えるために、その費用をプールしておきます。

⑨**固定資産税・都市計画税**……固定資産税は不動産を保有していることに対して課される市町村税です。毎年、1月1日現在において固定資産課税台帳に所有者として登録されている者に課されます。

⑩**税理士報酬**……確定申告等の税務処理をお願いする税理士に支払う報酬です。

不動産保有期間中の税引前キャッシュフロー

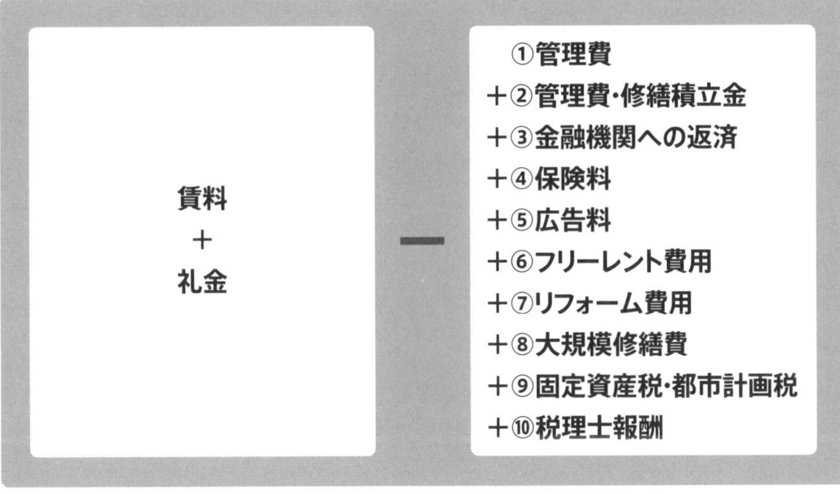

不動産保有期間中の支出項目は非常に多く、金融機関への返済額が大きい場合には税引き前の段階からキャッシュフロー的にマイナスになるようなことも十分ありえる。

金融機関は融資をする際に、借入申込者の年収を重視することになる

金融機関への返済金額が大きい場合

主に不動産の売却益を狙って不動産投資を行なうことになる。
最初、自己資金を少し入れ、金融機関への返済は不動産の借主に代わりにやってもらうことによって、不動産を取得するようなイメージ(借主からの賃料を金融機関への返済にあてるわけだから、実質、借主に代わりに返済してもらっているようなもの)。

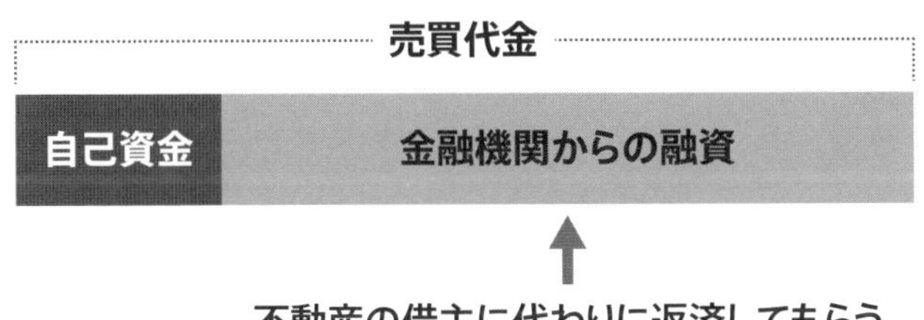

9 管理会社への「管理費」と組合への「管理費」

◆管理会社の管理費について

この管理費は、不動産の管理（賃貸管理）をしてくれる管理会社に支払う報酬です。

管理費の金額は通常、毎月の賃料の何％という形で設定されます。一般的には5％程度に設定されることが多いのですが、委託する物件の規模や管理業務の範囲に応じて多少の上下の変動があります。

管理についてでは、管理費が高いか安いかだけでは、その良し悪しを判断できません。管理費が安い管理会社の中には、賃料の徴収等の必要最低限の業務をするだけで、定期巡回など一切せず、物件の現況把握さえしていないところが結構あるからです。

管理の質は、現在の入居者の満足度や新規入居者の募集のしやすさという形で物件の収益性にも大きく影響する要素なので、しっかりと見極めてください。

◆管理費および修繕積立金について

投資対象となる不動産が区分所有マンションの場合には、そのマンションの管理組合に**管理費および修繕積立金**の支払いが必要となります。

ここでの管理費とは、マンションの共用部分等の管理業務を実施するために徴収される費用です。たとえばエレベーターやマンション全体の玄関部分、廊下、階段室等の定期清掃や、ちょっとした修繕を行なったりするために使われます。

修繕積立金とは、将来的に実施される予定の大規模修繕に備えて資金をプールするために徴収される費用です。たとえば外壁工事やエレベーター、受水槽等の交換などを行なうために使われます。

管理費および修繕積立金についても、安ければよいというわけではありません。安すぎれば適切に管理・修繕を行なうことができず、マンションの資産価値や収益性が下落することになるからです。

周辺マンションの相場や、プールされている修繕積立金などから、適切な金額水準となっているか確認してください。プールされている金額が少ない場合、一時金の拠出を求められる可能性があります。

2つの「管理費」の違い

区分所有マンションの場合に必要となる2つの「管理費」の違い

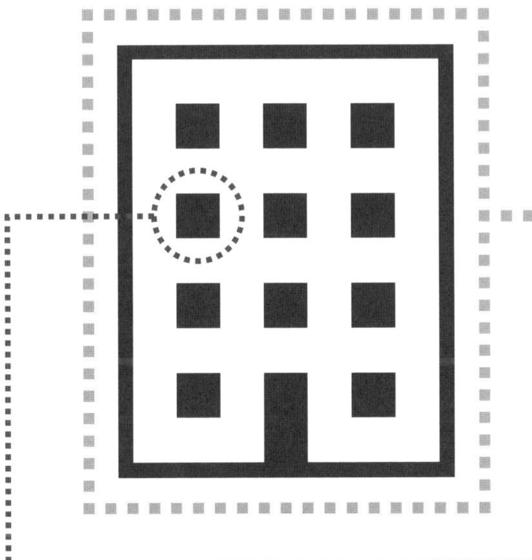

管理会社への「管理費」は、区分所有マンションの一室を賃貸管理してもらうための費用。したがって、賃貸に出す場合にのみ必要となる

管理組合への「管理費」は、区分所有しているマンション全体を管理してもらうための費用。
マンションの共用部分等の管理のために使われる。したがって賃貸に出さず、所有者が自ら居住する場合であっても必要となる

不動産屋さんに支払う「広告料」とは？

◆**不動産屋さんへの報酬**

広告料とは、入居者との間で賃貸借契約が成立した際に、貸主が不動産屋さんに対して支払う報酬です。

広告料は通常、賃料の何ヵ月分という形で定められます。その地域における取引慣行や賃貸物件に対する需要と供給のバランスなどによって差はありますが、賃料の2ヵ月分から4ヵ月分程度で定められることが多いようです。

広告料は、貸主が仲介を依頼した不動産屋さんがすべてを自社の収入にしてしまうわけではありません。多くの場合、1ヵ月分だけを自社の収入にして、残りの何ヵ月分かは借主側の仲介をしてくれた不動産屋さんに支払われることになります。

そのため、借主側の仲介をする不動産屋さんは、どうしても広告料の多い物件を優先的に案内することになります。

そういった事情を踏まえれば、貸主の立場としては空室期間を短くするためにも、広告料をなるべく高めに設定せざるをえないことになるでしょう。ですから、ライバル物件の広告料の設定状況を見ながら、優先的に案内してもらえるような金額に設定することをおすすめします。

◆**広告料はグレーなお金**

広告料は取引慣行上、当たり前のように支払われていますが、実は宅建業法上、宅建業者（不動産屋さん）が依頼者に請求したり、受け取ったりすることを認められている報酬ではありません。

不動産屋さんとしては、国土交通省の報酬に関する告示の「依頼者の依頼によって行なう広告の料金」にあたるものとして受領しているようですが、判例は不動産屋さんが受領している広告料がこれにあたるものとは考えていません。

しかしながら、広告料を支払わない限り、入居希望者に物件を紹介してもらうことはまずできないので、貸主としては広告料を支払わざるをえないというのが実情です。

借主側の仲介をする不動産屋さんの紹介物件の決め方

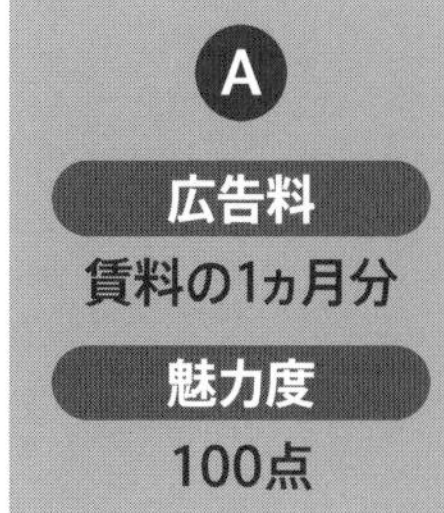

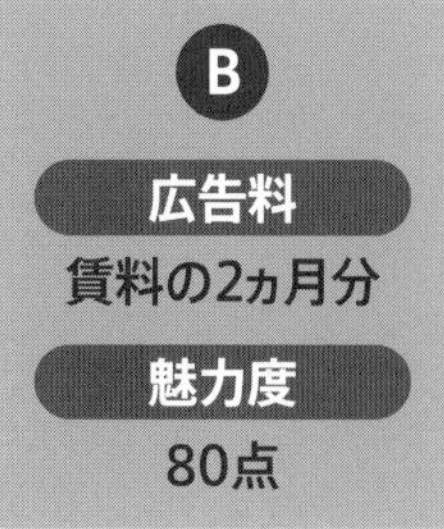

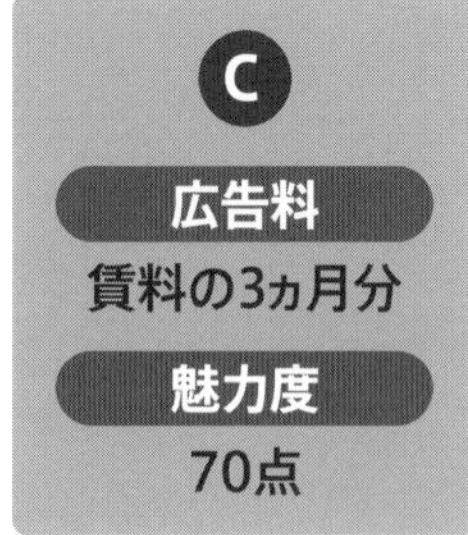

不動産屋さんとしては広告料の多いC物件で決めたい

C物件で決まるように他の紹介物件を決める。つまり、3つの物件を紹介する場合、C物件より魅力度の高いA物件やB物件は紹介しない。C物件で決めてもらいやすいように、C物件より見劣りするD物件やE物件を紹介する。

がっかり

お客さん

がっかり

お客さん

お客さん

「リフォーム費用」と「大規模修繕費」

◆リフォーム費用について

入居者の退去があった際には、新しい入居者を募集するために室内等をリフォームする必要があります。リフォーム費用については、リフォームが必要となる原因によって負担者が異なります。

普通に生活しているだけで生じるような損耗（通常損耗）、たとえば、畳の表面の擦れやクロスの日焼け、家具を設置していたことによるクッションフロアのへこみなどの費用は、原則、貸主が負担することになります。

これに対して、借主の故意や過失による損耗、たとえば、蹴ったり、重いものを落としたりしたことによる壁や床の陥没、喫煙によるクロスの黄ばみなどについては、借主が負担することになります。

借主が負担する費用については、退去立ち合い時の借主との確認内容に基づいて、リフォーム業者等に見積もりをとり、金額について借主の同意を得る必要があります。

借主から敷金や保証金を預かっている場合には、そこからリフォーム費用を差し引けばいいだけなので問題は生じにくいのですが、敷金や保証金を預かっていない場合には、退去立ち合い時に、その支払い方法等についてもしっかりと約束するようにしてください。

なお、借主から回収できない場合には、連帯保証人や家賃保証会社に対して請求することになります。

◆大規模修繕費について

建物の外壁工事のような大規模な修繕を行なうには非常に大きなお金が必要となります。その費用負担に備えるべく、区分所有マンションでは、修繕積立金を支払う必要があります。

戸建や一棟ものマンションと違って、毎月、修繕積立金を支払う必要はありません。しかし、これは裏を返すと、自分で大規模修繕に必要となる費用を計画的に準備しておかなければならないということなので、そのつもりでしっかりと資金をプールするようにしてください。

退去後のリフォーム等の流れ（自分で管理をしている場合）

①退去通知書が届く

②退去期日に立ち合いを行なう。
借主の費用負担個所について確認

③リフォーム業者に費用の見積もりをとる

④見積もりが出たら費用金額を借主に連絡する。
費用について借主の同意が得られたら、その費用を借主に請求する。
敷金や保証金などを預かっている場合には、そこから借主の費用負担分を差し引き、残りの金額を借主の指定口座に振り込む

⑤リフォーム業者に正式に工事を依頼するとともに、賃貸業者に入居者募集を依頼（入居者募集依頼時に、どの程度のリフォームをする予定なのかを知らせておくと、いちいち確認する必要がなく親切）

⑥リフォーム工事完了

POINT

物件の管理を委託している場合には、上記の一連の手続きをすべて管理会社に任せてしまうことができます。
リフォーム費用を少しでも安く抑えたい場合、③～⑥の手続きについては自分でやるというのもひとつの選択です。

「固定資産税」と「都市計画税」

◆固定資産税について

固定資産税は、不動産を保有していることに対して課される市町村税です。毎年、1月1日現在において各市町村に備え付けられている固定資産課税台帳に所有者として登録されている者に課されます。

固定資産税は、次の算式で計算できます。

固定資産税評価額×税率

固定資産税の標準税率は1.4%です（市町村によっては、異なる税率のこともある）。固定資産税は、税負担を軽減するべく、次の軽減措置がとられています。

①住宅の敷地の用に供されている土地で、その土地の上にある家屋の床面積の10倍までの土地については、課税標準（固定資産税評価額）が軽減されます。

・住宅1戸につき200㎡までの部分（小規模住宅用地）については1／6に軽減

・住宅1戸につき200㎡を超え、家屋の床面積の10倍までの部分については1／3に軽減

②以下の要件を満たす新築住宅については3年間（地上3階以上の中高層耐火建築物については5年間）、固定資産税が1／2に軽減されます。

・居住用部分の床面積が1／2以上であること

・居住用部分の床面積が50㎡以上280㎡以下（戸建以外の貸家住宅にあっては40㎡以上280㎡以下。複数戸ある建物の場合には各戸ごとに判定）であること

◆都市計画税について

都市計画税は、市街化区域内の土地や家屋の所有者に対して課される市町村税です。

都市計画税は、次の算式で計算できます。

固定資産税評価額×税率

都市計画税の標準税率は0.3%です。都市計画税についても課税標準について軽減措置があります。

・住宅1戸につき200㎡までの部分（小規模住宅用地）については1／3に軽減

・住宅1戸につき200㎡を超え、家屋の床面積の10倍までの部分については2／3に軽減

固定資産税の課税標準の特例の具体例

100㎡の独立した使用部分が6戸ある建物の場合

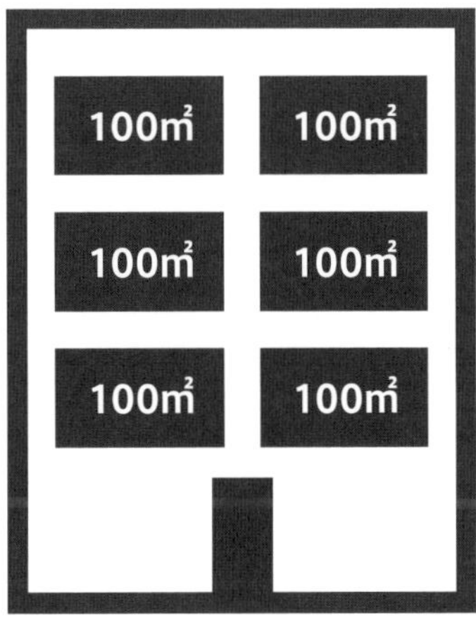

(一戸につき)200㎡×6=1200㎡までの敷地部分

▼

課税標準が1/6に軽減される

1200㎡を超え、家屋の床面積の10倍までの敷地部分、すなわち、(100㎡×6)×10=6000㎡までの敷地部分については、課税標準が1/3に軽減される。

13 不動産売却時に必要となる費用

①仲介手数料……不動産売買契約について仲介をしてくれる不動産屋さんに対する報酬です。仲介手数料は不動産屋さんが買主となって直接、買取りしてくれる場合には不要になります。

なお、すぐに現金が必要であるなど特別な事情がない限り、不動産屋さんに買い取ってもらうことは、なるべく避けるべきです。仲介手数料は不要となりますが、その金額以上に売却価格が大きく下がるからです。

②登記費用……買主への所有権移転登記や金融機関から融資を受ける際に設定した、抵当権の抹消登記を行なうために必要となる費用です。

買主への所有権移転登記については買主負担となることが多いようですが、関西地区では、売渡証書の作成費用については売主負担となることが多くなっています。

抵当権の抹消登記に関する費用については全額、売主負担となります。

③印紙税……不動産売買契約書を作成する際には、記載金額（売買代金）に応じた印紙税を納付しなければなりません。なお、売買契約書が複数通、作成される場合には、それぞれの売買契約書について印紙税を納付する必要があります。

④敷金……借主から賃料等の担保として差し入れられている敷金等の一時金を、買主に引き継ぐ必要があります。通常は別に管理されているはずの金銭なので、それをそのまま買主に引き継げばいいだけですが、支払いが必要な金銭であることに変わりはないので、ここで取り上げておきます。

なお、関西では売主から買主に敷金分の金銭の引継ぎを行なわないにもかかわらず、敷金の返済債務だけは引き継がれるという「敷金債務持ち回り方式」というものがとられることが多くなっています。

売主としてはありがたい取引慣行ですが、買主の立場から見れば、費用負担が増える取引慣行なので注意が必要です。

不動産売買契約における関東と関西の取引慣行の違い

	関東	関西
所有権移転登記の費用の負担	全額買主負担	売渡証書の作成費用については売主負担となることが多い
敷金の取り扱い	敷金として預かっている金銭と敷金返還債務がともに買主に引き継がれる	敷金として預かっている金銭は買主に引き継がれないが、敷金返還債務は買主に引き継がれる

POINT

購入する際は関西方式で、売却する際は関東方式だと、実質的な購入金額が上がることになります。
居住地域の異なる人と売買取引をする場合には、お互いに取引条件について思い違いをすることがないよう、しっかりと事前確認することが必要です。

COLUMN 6

物件内での事故、どこまで伝える？

不動産を人に貸していると、室内等で死亡事故が発生するようなこともあります。その際に問題になるのが、新規入居者に対する告知です。どんな種類の事故について、どんな範囲の人に、いつまで告知をすればいいのでしょうか？

実は、この点については、条文上はもちろんのこと、判例上も明確な基準が示されていません。つまり、もしも、あなたの所有する物件内で死亡事故が発生した場合には、判例などを参考にしつつも、自分で告知義務の有無を判断するしかないということです。

実は、私自身も、死亡関連の告知に関して少々、痛い目にあったことがあります。もう 12、13 年ぐらい前のことになるでしょうか。当時、当方が管理していた中古戸建の借主さんから、「嫁さんが近所の人から、この家の所有者が若くして病死したと聞いて、怖がっている。なぜ、黙っていたんだ」と大変なお叱りを受けたのです。

この事案に関しては、私も借主さん側の宅建業者の営業マンには、当該物件を賃貸に出すに至った経緯は説明していたものの、そういった事情を借主さんに知らせるべく、重要事項説明書等に記載したりすることまではしませんでした。前の所有者が亡くなられたのはあくまで病気が原因で、しかも亡くなられた場所は自宅ではなく、病院だったからです。

しかし、私の判断は間違いでした。法律的に問題があろうとなかろうと、気になる人には気になるし、そのことを事前に伝えておかないと隠していたと判断され、怒りを買うことになるのです。結局、このトラブルが収まるまで約 1 ヵ月の期間を要しました。その間、電話が鳴るたびに、この借主さんからの電話ではないかと思い、強いストレスを感じたものです。

以降、私はクライアントから、この手の相談を受けるたびに、「確実にトラブルを避けたいのなら、借主が気になるかもしれないことはなるべく伝えておくほうがいい」とアドバイスすることにしています。もちろん、この考え方が100%正しいとは思いませんが、ひとつの参考にしていただければと思います。

7章 不動産保有時・売却時にかかる「税金」のしくみ

1 税額計算の必要性

不動産投資に際しては、個人で不動産投資をするのなら所得税等、法人をつくって不動産投資をするのなら法人税等の予測計算をしてみる必要があります。

こういった収入や利益に応じて発生する税金の額を予測計算してみないと、実際にいくらくらいの現金が手元に残るのかがわからないからです。

「税金を支払ったら手元にまったくお金が残らなかった」などと愚痴をこぼす人がいますが、税額の予測計算をしていないから、そんなことになってしまうわけです。

予測計算しなければならない税金の種類には、以下のようなものがあります。

◆個人で不動産投資を行なう場合

・不動産を所有している間の税金……所得税、住民税、個人事業税

所得税、住民税については、不動産投資を行ない、所得が増えることによって増加することになる金額を計算する必要があります。

・不動産を売却する際の税金……所得税、住民税

不動産を売却することによって譲渡所得が発生する場合には、その譲渡所得に対して所得税と住民税が課されることになります（分離課税）。

◆法人で不動産投資を行なう場合

・法人で不動産投資をする際の税金……法人税、法人住民税、法人事業税、特別法人事業税、地方法人税

法人を設立して、その法人を通じて不動産投資を行なう場合、不動産を所有している間と売却する際の区別なく、法人税、法人住民税、法人事業税、特別法人事業税、地方法人税が課されることになるので、それぞれ、その金額を予測計算しておく必要があります。

当然のことながら、ここで取り上げた各種税金の金額を事前に、100％正確に把握することはできません。しかし、それでも予測計算をすることによって、検討している不動産投資案件の本当の魅力度が、かなり正確にわかるようになることは間違いありません。

なぜ、税額計算が必要なのか？

たとえば、価格1000万円、表面利回り10％の物件を購入した場合

①表面利回りのレベルで考えると……

1000万円×10％＝100万円

年100万円も収入が増えるの!

②実質利回りのレベルで考えると……（経費を40万円とする）

100万円－経費40万円＝60万円

まあ、経費はかかるものだから、
しかたないか

③税引き後手元キャッシュのレベルで考えると……（税額を20万円とする）

60万円－税額20万円＝40万円

えっ、これだけしか残らないの!?

③のレベルで考えないと間違った投資判断をすることになる!

不動産保有時の「所得税」① 総合課税・損益通算

◆他の所得と合算して課税される

個人で不動産投資をし、不動産を保有している期間中に発生する所得のことを**不動産所得**といいます。

不動産所得は総合課税扱いとなり、他に給与所得などの総合課税の対象となる所得があれば、それらの所得と合算した上で税額計算されることとなります。

総合課税の対象となる所得についての税額の計算式は次のとおりです。

総合課税の所得税額＝（総所得金額－所得控除額）×税率

なお、青色申告（正規の簿記の原則に則って行なう確定申告のこと）を行なう場合には、総所得金額から青色申告特別控除額（最高65万円）を差し引くことができます（青色申告ができるのは、不動産所得、事業所得、山林所得がある場合のみです）。

総合課税の対象となる所得には、**不動産所得、事業所得、給与所得、譲渡所得（土地・建物等および株式等の譲渡によるものを除く）、一時所得（源泉分離課税のものを除く）、雑所得（源泉分離課税のもの等を除く）、利子所得（源泉分離課税のもの等を除く）、配当所得（源泉分離課税のもの等を除く）**といったものがあります。

◆損益通算ができる

損益通算とは、黒字になっている所得から赤字になっている所得の赤字分を差し引くことをいいます。

損益通算できる所得としては、**不動産所得、事業所得、譲渡所得（土地・建物等および株式等の譲渡によるものを除く。以下、総合譲渡所得という）、山林所得**といったものがあります。

たとえば不動産所得が赤字になり、その赤字分を給与所得から差し引いた結果、課税総所得金額がゼロとなれば、その年については所得税を納める必要がなくなることになります。

なお損益通算については、まず、どの所得とどの所得の間で損益通算すべきか、という計算の順序が決まっています。

損益通算の計算のしかた

損益通算の順序

① 不動産所得、事業所得、給与所得、雑所得、利子所得、配当所得の間で損益通算する
② 総合譲渡所得、一時所得の間で損益通算する
③ ①、②の結果、まだ損失が残っている場合には、①、②の間で損益通算する
④ ③の結果、まだ損失が残っている場合には、山林所得と損益通算する
⑤ ④の結果、まだ損失が残っている場合には、退職所得と損益通算する

不動産所得について発生した赤字のうち、建物購入のための借入金の利子部分は損益通算の対象になるが、土地購入のための借入金の利子部分は損益通算の対象とはならない点に注意が必要。

損益通算のやり方の具体例

不動産所得がマイナス400万円(うち土地購入のための借入金利子部分が150万円)、給与所得が500万円、総合譲渡所得がマイナス500万円、一時所得が200万円あるものとする

給与所得から不動産所得の損失分を差し引く
500万円－(400万円－150万円)＝250万円

一時所得から総合譲渡所得の損失分を差し引く
200万円－500万円＝－300万円

ステップ1、ステップ2の計算結果の間で損益通算する
250万円－300万円＝－50万円

以上の結果、総所得金額がマイナスとなるため、この年については所得税を納める必要がないことになる。なお、青色申告者(正規の簿記の原則に従って確定申告している者)は最長3年間、損失を繰り越して、翌年以降の所得金額から差し引くことができる(繰越控除)。

不動産保有時の「所得税」②

所得控除・所得税の税率

◆**所得控除について**

所得控除とは、納税者の個人的事情に応じて税負担の軽減を図るべく、所得金額から差し引くことが認められているものです。所得控除の種類には次ページ表のものがあります。控除すれば総所得金額が下がり、税金が安くなるので、該当するものは漏れなく控除する必要があります。税理士を利用せず、自分で確定申告をする人は、十分注意してください。

なお、所得税の負担を軽減するものとしては、所得控除のほかに、最終的に計算された税額から、その一部を差し引く税額控除（配当控除・住宅借入金等特別控除など）というものもあります。

◆**所得税の税率について**

総合課税の対象となる所得についての所得税の税率は、課税所得金額に応じて5％から45％の間で定められています。

不動産投資を行ない、不動産所得を得る場合に気をつけなければならないのが、課税所得金額が増加することによって、増加した所得分の税額が増えるだけでなく、元々あった所得についても税率が上がる分、余計に税額が増えることになる点です。

たとえば、元々の課税所得額が３００万円だった人が、不動産投資によって、新たに１００万円の不動産所得を得ることになった場合について考えてみましょう。この人の元々の納税額は次のとおりです。

３００万円×10％－９万７５００円＝20万２５００円

これに対して、不動産投資開始後の納税額は次のようになります。

（３００万円＋１００万円）×20％－42万７５００円＝37万２５００円

たった１００万円、所得が増加しただけなのに、所得税額は、37万２５００円－20万２５００円＝17万円も増加しています。

このように不動産投資に限らず、追加で所得を得ると、想像以上に大きな税負担をすることになります。

所得控除と所得税率

14種類ある所得控除の種類

- 雑損控除
- 医療費控除
- 社会保険料控除
- 小規模企業共済等掛金控除
- 生命保険料控除
- 地震保険料控除
- 寄附金控除
- 障害者控除
- 寡婦(寡夫)控除
- 勤労学生控除
- 配偶者控除
- 配偶者特別控除
- 扶養控除
- 基礎控除

所得税の税率(総合課税の所得に対する税率)一覧

課税所得金額	税率	控除額
195万円以下	5%	0円
195万円超330万円以下	10%	9万7500円
330万円超695万円以下	20%	42万7500円
695万円超900万円以下	23%	63万6000円
900万円超1800万円以下	33%	153万6000円
1800万円超4000万円以下	40%	279万6000円
4000万円超	45%	479万6000円

参考 税率区分をまたいで所得金額が100万円増加する際の所得税の増加金額

195万円→295万円	19万7500円－9万7500円＝10万円
330万円→430万円	43万2500円－23万2500円＝20万円
695万円→795万円	119万2500円－96万2500円＝23万円
900万円→1000万円	176万4000円－143万4000円＝33万円
1800万円→1900万円	480万4000円－440万4000円＝40万円
4000万円→4100万円	1365万4000円－1320万4000円＝45万円

※いずれの金額も所得増加後の税率の後ろに万円を足したものになっている

不動産保有時の「住民税」と「個人事業税」

◆**住民税について**

住民税とは、居住する都道府県や市区町村の行政サービス維持のために納める税金です。不動産投資によって所得が増加すれば、所得税だけでなく住民税も増加することになるので、増加分を把握しておく必要があります。

住民税は前年の所得額に応じて計算される所得割と、所得額に関係なく、一律に課される均等割からなります。

所得割の金額は、次の式によって計算されます。

課税所得金額（所得金額－所得控除額）×税率

所得金額は前年の所得金額を用います。

所得控除の種類は所得税の場合とほぼ同様ですが、金額は住民税の場合のほうが低くなっています。

税率については課税所得金額に関係なく、原則10％（市町村民税6％、都道府県民税4％〈指定都市では市町村民税8％、都道府県民税2％〉）となっています。

所得税と違って所得金額に応じて税率が上がることがないので、すでに所得割が生じている人の場合、不動産投資をすることによって増加する住民税の金額は、単に増加する所得金額に10％を掛けるだけで求めることができます（左ページ参照）。

◆**個人事業税について**

個人事業税とは、個人で事業を行なう者が納付することを要する都道府県税です。個人事業税の金額は次の式によって計算できます。

課税所得金額（所得金額＋青色申告特別控除額－事業主控除額）×税率

個人事業税の計算においては、所得税や住民税を計算する場合と異なり、青色申告特別控除がないので、青色申告特別控除額については所得金額に足し戻すことになります。その代わりに事業主控除額として290万円を差し引くことができます。

個人事業税の税率は業種によって異なりますが、不動産貸付業の場合の税率は5％とされています。

住民税と個人事業税

所得税と住民税の主な所得控除の金額の違い

所得控除	所得税	住民税
基礎控除	38万円	33万円
配偶者控除	38万円	33万円
配偶者特別控除	最高38万円	最高33万円
一般扶養控除	38万円	33万円
特定扶養控除	63万円	45万円
老人扶養控除	48万円 （同居なら58万円）	38万円 （同居なら45万円）

個人で不動産投資をする場合に経費になる税金

- 個人事業税
- 印紙税
- 不動産取得税
- 登録免許税
- 固定資産税・都市計画税

※法人の場合、不動産取得税、登録免許税については費用計上と資産計上とで選択する

不動産投資をすることによって増加する住民税の金額

例 元々の住民税の課税額が10万円だった人が、不動産投資をすることによって所得金額が200万円増加する場合に増加する住民税の金額

200万円×10％＝20万円

個人事業税の計算例

例 所得金額が300万円、青色申告特別控除額が65万円の場合

（300万円＋65万円－290万円）×5％＝3万7500円

5 不動産売却時の「所得税」を計算する

◆課税譲渡所得金額について

不動産の売却益のことを**譲渡所得**といいます。不動産の譲渡所得は、たとえマイナスであっても他の所得と損益通算することができず、それ単独で所得税が計算されることになります（**分離課税**）。

譲渡所得に対する所得税は、次の式で計算できます。

課税譲渡所得金額×税率

課税譲渡所得金額は、次の計算式で求められます。

課税譲渡所得金額＝譲渡価格－取得費－譲渡費用

取得費には、**不動産の購入価額（建物については減価償却後の価額）、購入時の仲介手数料、購入時の売買契約書に貼付した印紙代、登記費用（登録免許税を含む）、設備費、改良費**などがあります。

取得費が不明の場合には、譲渡価額の5％を取得費とすることができます（**概算取得費**）。譲渡費用には、**不動産売却時の仲介手数料、売買契約書に貼付した印紙代、売却に伴う立退料**などがあります。

◆税率について

不動産の譲渡所得に対する所得税を計算する際の税率は、次のとおりです。

- **不動産を譲渡した年の1月1日において所有期間が5年を超える場合（長期譲渡所得）は15％（住民税は5％）**
- **不動産を譲渡した年の1月1日において所有期間が5年以下の場合（短期譲渡所得）は30％（住民税は9％）**

長期譲渡所得と短期譲渡所得の区別については、譲渡日ではなく、**譲渡した年の1月1日において5年を超えるか否か**で判断される点に注意してください。

たとえば、２０１６年３月１日に不動産を購入し、２０２１年12月１日に売却した場合、実質的に所有期間は5年を超えますが、長期譲渡所得と短期譲渡所得の区別は２０１６年３月１日から２０２１年１月１日までの期間が5年を超えるか否かでなされます。すると、このケースでは短期譲渡所得になってしまい、39％もの税金を払わなければなりません。

建物減価償却費の計算方法

減価償却費(1年あたりの減価償却費)＝取得価額×償却率

※新規に建物を取得する場合の減価償却の方法は定額法のみ

※取得価額には建物価額のほか、購入時の仲介手数料、登録免許税、不動産取得税、印紙税、設備費、改良費などが含まれる

※物件の構造や用途、耐用年数ごとの償却率については国税庁ホームページの「減価償却資産の償却率表」を参照

https://www.nta.go.jp/law/joho-zeikaishaku/shotoku/shinkoku/070412/pdf/3.pdf

建物の構造・用途ごとの法定耐用年数

構造	用途細目	耐用年数
木造・合成樹脂造	事務所用	24年
	店舗用・住宅用	22年
木骨モルタル造	事務所用	22年
	店舗用・住宅用	20年
SRC造・RC造	事務所用	50年
	住宅用	47年
金属造	事務所用	骨格材の肉厚が 4㎜超 38年 3㎜超4㎜以下 30年 3㎜以下 22年
	店舗用・住宅用	骨格材の肉厚が 4㎜超 34年 3㎜超4㎜以下 27年 3㎜以下 19年

- 中古建物で築年数が法定耐用年数を超えているものの耐用年数
  ＝法定耐用年数×0.2
- 中古建物で築年数が法定耐用年数を超えていないものの耐用年数
  ＝(法定耐用年数－築後経過年数)＋築後経過年数×0.2

※上記の計算式により算出した年数に1年未満の端数があるときは、その端数を切り捨て、年数が2年に満たない場合には2年とする

6 「法人税」と「法人住民税」について

◆法人税について

株式会社等の法人を設立して、その法人を通じて不動産投資を行なう場合、発生した所得に対して法人税が課されることになります。法人税の金額は、次の計算式で求めることができます。

課税所得×税率

課税所得は益金から損金を差し引いたものです。**益金**とは企業会計上の収益に対して益金算入、益金不算入の調整を行なったもの、**損金**とは企業会計上の費用に対して損金算入、損金不算入の調整を行なったものをいいます。平成31年4月1日以降に事業を開始した場合の法人税の税率は、以下のとおりです。

- **資本金1億円以下の法人……課税所得のうち年800万円以下の部分15%（例外あり）**。課税所得のうち年800万円超の部分23・20%。
- **資本金1億円超の法人……23・20%**

◆法人住民税について

法人住民税は、法人の本店および支店の所在地の都道府県や市町村に納めなければならない地方税で、法人税割と均等割からなります。

法人税割の計算方法は、次のとおりです。

法人税額×法人税割の税率

法人税割の税率は都道府県や市町村によって異なりますが、その目安として標準税率が定められています。

法人税割の標準税率は、次のとおりです（事業開始年度が令和元年10月1日以降である場合）。

- **都道府県民税1・0%（制限税率は2・0%）**
- **市町村民税6・0%（制限税率は8・4%）**

※制限税率……税率の上限のこと。

均等割の金額は資本金の額や勤務する従業員数ごとに定められています。たとえば、資本金1000万円以下の法人の均等割の標準税額は、次のとおりです。

- **従業員数50人以下……都道府県税2万円、市町村税5万円**
- **従業員数50人超……都道府県税2万円、市町村税12万円**

法人税と法人住民税

法人税の税率

資本金1億円以下の法人	課税所得のうち年800万円以下の部分	15%※
	課税所得のうち年800万円超の部分	23.20%
資本金1億円超の法人	所得金額による区分なし	23.20%

※直近過去3年の所得金額の年平均額が15億円を超える法人等の場合は19%

法人税の計算例

資本金1000万円、当該事業年度の課税所得1000万円の場合の法人税
800万円×15%+(1000万円−800万円)×23.20%=166万4000円

法人住民税の法人税割の税率

	都道府県民税	市町村民税
標準税率	1.0%	6.0%
制限税率	2.0%	8.4%

※支店については市町村税のみ納付が必要

法人住民税の均等割の税額

資本金1000万円以下	従業員数50人以下	都道府県民税 2万円 市町村民税 5万円
	従業員数50人超	都道府県民税 2万円 市町村民税 12万円
資本金1000万円超1億円以下	従業員数50人以下	都道府県民税 5万円 市町村民税 13万円
	従業員数50人超	都道府県民税 5万円 市町村民税 15万円
資本金1億円超10億円以下	従業員数50人以下	都道府県民税 13万円 市町村民税 16万円
	従業員数50人超	都道府県民税 13万円 市町村民税 40万円

※支店については市町村民税のみ納付が必要

法人住民税の計算例

資本金1000万円、従業員数3人、法人税額200万円の場合の標準税率による法人住民税の金額

法人税割…………200万円×(1.0%+6.0%)=14万円
均等割……………2万円+5万円=7万円
法人住民税額……法人税割(14万円)+均等割(7万円)=21万円

「法人事業税」「特別法人事業税」他について

◆法人事業税について

法人事業税は、法人所在地の都道府県に納める地方税です。資本金の額が1億円以下の一般法人の法人事業税の金額は次の式で計算することができます。

課税所得×税率

課税所得は法人税の課税所得と同じです。税率は資本金の額や所得額、事務所のある都道府県の数などによって異なります。

資本金が1000万円未満、もしくは事務所のある都道府県の数が2以下の法人は軽減税率適用法人となりますが、その場合の税率は以下のとおりです。

・年400万円以下の所得3・5％
・年400万円超800万円以下の所得5・3％
・年800万円超の所得7・0％

なお、法人事業税は翌年の損金に算入できます（資本金の額が1億円を超える場合には、所得の他に付加価値額や資本金の額なども課税標準とする**外形標準課税**が適用されることになります）。

◆特別法人事業税について

特別法人事業税は、地方ごとの財政格差を是正するべく導入された税制で、分類は国税になります。

特別法人事業税の金額は、次の式で計算できます。

基準法人所得割額×税率

基準法人所得割額とは標準税率で計算された法人事業税の税額のことです。資本金1億円以下の普通法人の場合の税率は37％となっています（資本金1億円超の普通法人の場合の税率は260％）。

なお、特別法人事業税も翌年の損金に算入できます。

◆地方法人税について

地方法人税は特別法人事業税と同様に、地方ごとの財政格差を是正することを目的に導入された税制で、分類としては国税になります。

地方法人税の金額は、次の式で計算できます。

法人税額×税率

令和元年10月1日以後に開始する課税事業年度における地方法人税の税率は10・3％となっています。

法人事業税の計算例と損金算入の可否

法人事業税の計算例

例 資本金1000万円、1つの都道府県のみに事務所を構える株式会社で課税所得が1000万円である場合の法人事業税の金額

400万円×3.5％＋(800万円−400万円)×5.3％
＋(1000万円−800万円)×7.0％＝49万2000円

損金算入できないもの (税務計算上、経費にできないもの)	法人税、法人住民税、地方法人税
損金算入できるもの (税務計算上、経費にできるもの)	法人事業税、特別法人事業税

損金算入できるものについては、税負担はあるものの、同時に翌年以降の税負担を軽減する効果がある。

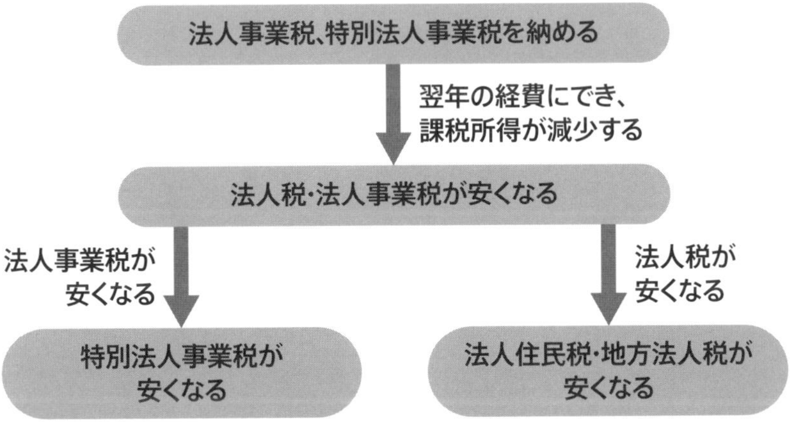

法人事業税、特別法人事業税を納める

↓ 翌年の経費にでき、課税所得が減少する

法人税・法人事業税が安くなる

↓ 法人事業税が安くなる → 特別法人事業税が安くなる

↓ 法人税が安くなる → 法人住民税・地方法人税が安くなる

8 不動産投資は個人と法人のどちらが有利？

不動産投資については個人で行なうほうが有利なのか、それとも法人を設立して行なうほうが有利になるのかということが、しばしば議論されます。

結論としてはケースバイケースですが、判断する要素としては以下のようなものがあります。

①不動産を所有している間の税金

・**個人名義で不動産を所有している場合**……所得税（総合課税）、住民税

・**法人名義で不動産を所有している場合**……法人税、法人住民税、法人事業税、特別法人事業税、地方法人税

②不動産を売却する際の税金

・**個人名義の不動産を売却する場合**……所得税（分離課税）、住民税

・**法人名義の不動産を売却する場合**……法人税、法人住民税、法人事業税、特別法人事業税、地方法人税

※①②については不動産を所有している間、もしくは売却する際に納税義務の生じる税金のうち、個人か法人かで差が出るものについてだけ取り上げています。

③その他、法人の場合にとくに必要となる費用

・**法人設立のために必要となる費用**……設立登記を行なう際の登録免許税、定款認証代、印紙代など

ちなみに、この費用の金額は25万円程度となります。

・**税理士報酬**……記帳や確定申告を税理士に代行してもらうための報酬

個人の場合、記帳、確定申告ともに自力で行なうことも十分可能ですが、法人の場合、記帳はともかく、確定申告を自力でやるのはかなり難しいです。したがって、少なくとも確定申告を代行してもらうための報酬は余分に必要となるものと考えるべきです。

以上①②③の合算額を、個人で不動産投資をする場合と法人で不動産投資をする場合とで比較し、どちらが有利になるのかを検討することになります。

法人で不動産投資を行なう場合、最終的に法人として得た収入を個人に移転させるためには、役員報酬等を出すことになる点に注意してください。

個人と法人の比較

個人で不動産投資をする場合に必要となる税金

- 所有時の所得税(総合課税)、住民税
- 売却時の所得税(分離課税)、住民税

法人を通じて不動産投資をする場合に必要となる税金等

- 所有時および売却時の法人税、法人住民税、法人事業税、特別法人事業税、地方法人税、法人設立のために必要となる費用および税理士報酬

※個人か法人かで差が出るものについてだけ取り上げている

法人で役員報酬等を出す場合の注意点

- 役員報酬等は税務計算上、損金となるため、法人税、法人住民税、法人事業税、特別法人事業税、地方法人税は安くなる
- 役員報酬を受け取った者の所得税や住民税は、所得(給与所得)が増えた分、高くなる

COLUMN 7

自分に合った方法で不動産投資を始めよう

ここまで本書を読み進めていただいた現時点において、不動産投資をやってみたいと思っている方は、ぜひ、積極的に不動産投資に取り組んでいただきたいと思います。

ただ、いざ実際に不動産投資を実践するとなると、あれこれと考えて、なかなか動き出しにくいということもあるでしょう。そういう場合におすすめしたいのが、なるべくリスクをとらない形で不動産投資を始めるということです。たとえば、自己資金だけで購入できる価格帯の物件から不動産投資を始めてみるというのもひとつの方法です。自己資金で購入するのですから、金融機関への返済は必要ありませんので、リスクは非常に限定的なものになります。

また、自己資金だけで不動産投資を行なうといっても、それほど多くの資金が必要となるわけでもありません。大都市圏であっても、ほんの少し場所をずらすだけで、500万円程度の中古戸建はいくらでも見つかります。

さらに言えば、「自己資金なんて、まったくない」という方だって、リスクを抑えて不動産投資を始めることは可能です。

たとえばこんな方法はどうでしょうか。まず、築年数が古くて価格が非常に安い中古戸建や中古マンションを自己居住用として住宅ローンで購入する。そして、住宅ローンが完済できたら、その不動産は賃貸に出し、自分は新たに築年数が古くて価格が非常に安い中古戸建や中古マンションを自己居住用として住宅ローンで購入する。これを繰り返すことによって、不動産を買い増していくわけです。この方法なら、リスクをほとんどとらずに、順調に資産規模を拡大していくことができますよね。

不動産投資の世界では、とかく自分の身の丈に合わないような大きなリスクをとることが推奨されがちです。しかし、そんな危なっかしい方法だけが不動産投資の取り組み方のすべてではないのです。

あなたはあなたに合った方法で、ちゃんとリスクを恐れつつ、不動産投資の最初の第一歩を踏み出していただければと思います。

おわりに

まずは、本書を読まれた結果、不動産投資にチャレンジしてみようと思われた方へ。

この本を通じて、不動産投資のよい面だけでなく、悪い面もしっかりと知った上で、なおも不動産投資にチャレンジしてみようと思われたあなたは、不動産投資に非常に向いている方だと思います。悪い面を承知しながらもチャレンジしてみようと思えるということは、その悪い面を自分は乗り越えられるだろうと直感しているということだからです。

不動産投資に向いているというアドバンテージを活かして、しっかりと取り組んでください。きっと望むような結果が得られることでしょう。

大丈夫です。本書に書かれている知識を身につけ、かつ実際の投資の中で活用することができれば、よほど特殊なトラブルが立て続けに発生しない限り、最悪でも収支トントンレベルまでは持っていけるはずです。

次に、本書を読まれた結果、不動産投資はやめておこうと思われた方へ。

それはそれで正解です。気乗りしないことを無理にやっても、うまくいく可能性は低いですから。

自分に合った別の投資ジャンルを探して取り組まれるとよいのではないかと思います。昨今、銀行に預けているだけのお金の価値は日々、確実に目減りしていくだけです。

しかしながら、投資は一切やらないという選択も最悪というわけではありません。それとて、ある意味、最悪の事態を避ける投資判断といえるでしょう。

最悪なのは、しっかりと勉強もせずに、あるいは、間違った知識や捻じ曲げられた情報に基づいて投資をすることです。当然のことながら、あっという間に丸裸にされてしまうことになります。

それだけは、絶対に避けていただきたいと願っています。せっかく、この本を通じて私とご縁をいただけたあなたのことですから。

いずれを選択されるにしても、最後までおつき合いいただき、誠にありがとうございました。

本書が、あなたが自分の責任に基づき、自分の価値観に合った、後悔のない投資判断をするための助けになることを心から祈っています。

最後に、今回も私の執筆を献身的にサポートしてくださった「信念」の編集者、戸井田歩さんにこの場をお借りしてお礼を言わせてください。いつものことながら、本当にありがとうございます。

松村　保誠

著者略歴

松村 保誠（まつむら やすせい）

1級ファイナンシャルプランニング技能士、行政書士資格者（未登録）、宅地建物取引士

1971年大阪府生まれ。同志社大学経済学部卒業。書店、不動産会社勤務を経て、2005年8月にFP事務所スマート・ライフ・コンサルティングとスマート（宅建業）を立ち上げ、不動産投資および取引に関するコンサルティング業務に従事。「クライアントの状況・価値観を踏まえたクライアント利益を最大化する提案」で、多くのクライアントから支持を得る。また、宅建業界の健全化に資する後進人材の育成にも注力している。

主な著書に『過去問で効率的に突破する！「宅建士試験」勉強法』『経験ゼロでもムリなく稼げる！ 小さな不動産屋のはじめ方』（同文舘出版）などがある。

【お問い合わせ】
スマート・ライフ・コンサルティング
〒567-0067 大阪府茨木市西福井3丁目19-7-22
TEL 072-628-4433　FAX 072-641-5493
E-mail info@fp-smart.biz

ビジネス図解
不動産投資のしくみがわかる本

2020年9月14日　初版発行

著　者 ―― 松村　保誠
発行者 ―― 中島　治久

発行所 ―― 同文舘出版株式会社
東京都千代田区神田神保町1-41　〒101-0051
電話　営業03（3294）1801　編集03（3294）1802
振替 00100-8-42935　http://www.dobunkan.co.jp

 ISBN978-4-495-54076-0
印刷／製本：三美印刷　Printed in Japan 2020